识干家

企業閱讀　學以致用

合伙制经营

有效激励，而不丧失控制权

胡八一◎著

PARTNERSHIP BUSINESS

EFFECTIVE MOTIVATION WITHOUT LOSING CONTROL

北京燕山出版社
BEIJING YANSHAN PRESS

图书在版编目（CIP）数据

合伙制经营：有效激励，而不丧失控制权／胡八一著. -- 北京：北京燕山出版社，2020. 12

ISBN 978-7-5402-5851-1

Ⅰ. ①合… Ⅱ. ①胡… Ⅲ. ①合伙企业－企业管理 Ⅳ. ①F276. 2

中国版本图书馆 CIP 数据核字（2020）第 242131 号

书　　名：合伙制经营：有效激励，而不丧失控制权
作　　者：胡八一
责任编辑：满　懿
出版发行：北京燕山出版社
地　　址：北京市丰台区东铁匠营苇子坑 138 号 C 座
邮　　编：100079
网　　址：http：//www. bjyspress. com
电　　话：（010）65240430
电子信箱：bjyspress@ 126. com
印　　刷：河北宝昌佳彩印刷有限公司
经　　销：新华书店
规　　格：170 毫米×240 毫米　16 开本　19. 5 印张　261 千字
版　　次：2021 年 3 月第 1 版　　2021 年 3 月第 1 次印刷
定　　价：88. 00 元

导读

不是企业想不想合伙，而是这个时代务必采用合伙制！

让关键员工出钱、出力，让关键员工成为老板。

只有老板，才会永无止境自我鞭策，承担的不是一份工作而是一份事业；

只有老板，才不会背弃自己的企业，寻求的不是一段旅程而是一个归宿。

否则，经营者就会面临这样的困境。

◆高薪挖人，增加了成本还不一定有业绩。

◆人才被挖，浪费了培养成本还可能助力对手。

◆注重表面，而不一定是企业的切实利益。

◆关心个人，而不一定是与企业共存共荣。

无数案例证明：股权适合留人，合伙才能激励。定位合适的合伙制模式，降低试错成本。这也是笔者写作本书的初衷。

在本书中，笔者针对企业管理者、创业者对合伙制和股权认知的不足，根据自己多年的企业管理咨询经验，用丰富的合伙制及企业股权激励案例，解决企业合伙制在不同成长阶段面临的问题和挑战。

本书的逻辑架构是：何谓合伙制→为什么需要实施合伙制→如何实施合伙制→如何升级合伙制。沿着这条主线，通过四步流程的合伙制设计，让企业家学会做机制，让员工当奋斗者；通过合伙范围的扩大化、合伙层次的晋级化，让企业家学会做大股东，让员工当创业者；通过产业方向的延伸化、从合伙制升级到平台化，让企业家学做投资人，让员工当股东。

本书重点阐述实施合伙制的流程，即：确定合伙人员→确定权责分工→确定股份占比→确定协议条款等，为企业家及高管们提供一种有效激励而不丧失控制权的设计工具与方法。

系统讲解合伙制的五大机制。五大机制的重中之重又是“分配与激励机制”。笔者在此用了大量篇幅，从理论阐述、列举事例说明到运用数据与图表来帮助读者理解以便落地等。

另外，书中多处讲到“阿米巴经营模式”这个概念。它的核心内容就是“划小核算单元、单元独立核算；实施内部定价、进行内部交易”。如果是企业内部将某个部门实行合伙制，那么前提是这个合伙制的部门必须能够清楚地独立核算，否则它的收益就是一笔糊涂账。这样谁还愿意合伙呢？既然是公司内部的一个部门，就算是采用合伙制，也难免与其他部门进行产品或服务的交易，包括公共费用分摊，如果交易没有定价、费用分摊不清楚，又何谈“清楚的独立核算”？详细内容可以另行阅读笔者的《中国式阿米巴落地实践之从交付到交易》等阿米巴系列丛书。

合伙是否持久，除了外在竞争的因素对合伙企业造成的影响，最重要的就是内部的合伙机制的设计是否全面、是否科学。合伙人之间除了签署必要的法律、法规文件，各种机制的完善与签署才是真正决定合伙是否顺利、是否持久的关键因素。

企业家要善于利用股权的种种妙用及财富效应，对内激励员工，吸引核心人才；对外整合资源，让企业与上下游价值链、投资者、竞争者形成战略同盟，借力合伙制突破发展瓶颈、成功转型、快速扩张，从而将企业做大做强做久。

本书还分享了来自一线的大量咨询案例，提供了拿来即用的文档。适合企业家、企业管理者和管理咨询人士阅读，也可以作为相关教育机构的参考用书。

胡八一

2020 年 6 月 18 日

胡博士点拨选摘

（1）合伙制和阿米巴的关系

“阿米巴经营模式”的核心内容就是“划小核算单元、单元独立核算；实施内部定价、进行内部交易”。如果是企业内部将某个部门实行合伙制，那么前提是这个合伙制的部门必须能够清楚地独立核算。

把企业做成平台，企业才能做大；把平台做成阿米巴，企业才能做强；把阿米巴做成合伙制，企业才能做久。

（2）合伙制的关键概念——有限合伙人

合伙人分为有限合伙人和普通合伙人两种。

◆有限合伙人：小平出了10万元与小强注册合伙企业做生意，结果还亏了15万元，小平不用赔，但这10万元也打水漂了。小平就是有限合伙人，承担失败的责任是有限度的。

◆普通合伙人：小强出了20万元与小平注册合伙企业做生意，总投资30万元，结果还亏了15万元，供应商货款没付，员工工资没发。对不起，小强，你的车子值8万元、你的房子值100万元，都给我卖了，发了工资、还了货款，剩下的才是你的。

◆还有谁愿意当普通合伙人？普通合伙人就是大哥，怎么会没有人愿意当大哥呢？既然是大哥，权力大，责任也大。

（3）合伙制的关键概念——合伙机制

◆作为企业内部管理的一种合伙机制，就不必像合伙企业那么麻烦了。大家通过一个制度来约定游戏规则就可以了。想怎么做就怎么做，只要大家签名、画押、盖章、按手印表示认可就行了。

◆正是因为这种合伙机制操作简单却又行之有效，对合伙人起到激励作用，所以在企业管理中应用广泛。

◆如果把合伙机制延伸到组合外部资源，比如供应商、经销商、消费者等，一般就需要去注册。股份公司、有限公司、合伙企业，从某种意义上说也是一种合伙机制。

（4）实施合伙制是人性的需要

人最喜欢按照自己的意志来行事，可是你的自由行事如果不能给公司带来价值，甚至带来的是副作用，谁来买单？你不能只想符合自己的人性而不符合老板的人性，要自由却不负责任，你也要出钱，一起承担风险。这就符合你我共同的人性了。

（5）实施合伙制是时代的需要

现在创业的机会很多，如果公司内部不能提供创业的机会，就去外面创业，就是开个网店，也不见得比现在差。如果你就在我这里创业，那么就拿出本钱、拿出时间、拿出你的本事。既然是创业，总不能全部是我的钱，还要给你发工资，天下哪有这样的创业？

（6）实施合伙制是竞争的需要

以前老板通过自己的关系就可以拿到订单，其他人只管做就行了。现在不行了，需要竞标，技术标、商务标，也不是某个人就可以做得出来的。还要什么环保认证、安全认证、质量认证、履行社会责任……老板也不是神仙，还是大家一起合作，就像高铁、动车一样，每节车厢都有动力，这样才跑得快。

（7）何事需要合伙

把企业内部某个业务部门做成合伙制，这是最常见也是最容易实施的。由于这个业务部门与企业内部多个部门相互交易，如果内部交易的定价不明确，那么这个合伙制的业务部门就不可能清楚地独立核算，它的收益就是一笔糊涂账。

以前收益是老板一个人的，从左边口袋到右边口袋，没人管；现在是合伙制，有几个股东，如果算不清楚，或算得不合理，还能合作下去吗？

（8）与什么人合伙

如果只是出钱但不参与经营的合伙人，那么对人的要求就不用那么多；如果出钱又一起共同经营，那么“合不合得来”是非常重要的。

（9）合伙是为达到什么目的

当别人问你：“为什么要实施合伙制？”你回答：“为了稳住人才，做强做大。”这话也没错，但是太虚了，要区分目的。

（10）合伙如何确定权责分工

中国很多合伙事业不久就散伙的第一大原因是各位合伙人的责任与权力不清，而不是分钱不均。因为分钱的规则多数都能讲得比较清楚，而责任、权力却不容易讲清楚。它太细了，可能分布在工作的每一天、每件事上。

（11）从北周宇文泰改革军制所想到的

◆府兵自带粮食、自备弓马，这是出钱；镇守边关、阵前杀敌，这是出力。

又出钱又出力，就是合伙人模式的雏形。

◆入选府兵的第一个条件是家产丰厚！没钱，谁跟你合伙？

所以，当合伙人最好有一点资本。

◆你出了钱，如果战争中被敌人杀死了，那就人财两空；如果打赢了，既可以分红（战利品），又可以升官，这样的军队战斗力能不高吗？

（12）分配机制带来的积极力量

◆出钱的，大家按出钱的多少来分；出力的，大家按出力的多少来分。

◆资本必须与劳动力相结合才能产生更大的价值！

◆黄金家族是资本的拥有者，但只收 10% 的回报，90% 给劳动者，他们都会拼命干。

（13）汉文明的分水岭：宋朝军政制度

◆岳飞是当时四大军区司令员之一，年薪相当于 600 万元。

◆一名禁军（不是厢军，厢军是保安、城管）的年薪 + 各种补贴相当于今天的 12 万元，

想不想当禁军？想！你的身高有 175cm 吗？没有，不行，这是基本条件。

◆想不想打仗？万一被辽兵、金兵杀死了，年薪也就没了。

所以，你知道宋朝为什么实际上只有半个中国的版图了吧？

（14）跨越时空：西周体制与美国体制

西周与美国的政治体制有点像“阿米巴 + 合伙制”模式。

◆阿米巴经营模式，理念共同、各自经营、内部交易、独立核算、多赚多得（不是多劳多得，劳是过程，赚才是结果）。

◆西周的封国和美国的州，平时自己赚钱自己分、自己花，赚不到就没钱花。

目录

第五章　合伙制的五大机制

第六章　实施合伙制的六大平衡

第七章　如何升级合伙制

第八章　合伙制风险规避

第九章　剖析名企合伙制

第十章　柏明顿咨询客户案例

第十一章　扩展阅读：合伙制的四段历史启示

附录　合伙制文件范本

第一章

合伙制的关键概念

合伙人分为有限合伙人和普通合伙人两种。

作为企业内部管理的一种合伙机制，就不必像合伙企业那么麻烦了。大家通过一个制度来约定游戏规则就可以了。想怎么做就怎么做，只要大家签名、画押、盖章、按手印表示认可就行了。

正是因为这种合伙机制操作简单却又行之有效，对合伙人起到激励作用，所以在企业管理中应用广泛。

如果把合伙机制延伸到组合外部资源，比如供应商、经销商、消费者等，一般就需要去注册。股份公司、有限公司、合伙企业，从某种意义上说也是一种合伙机制。

第一节　合伙人

合伙人有两种含义：一种是法律含义，另一种是管理含义。合伙人的法律含义就是指合伙企业的合伙人，通常是指以其资产进行合伙投资，参与合伙经营，依协议享受权利，承担义务，并对企业债务承担无限（或有限）责任的自然人或法人。合伙人应具有民事权利能力和行为能力。

合伙人的管理含义，即从管理的角度讲，合伙人有两种模式：一种是指合伙人的管理机制；另一种是合伙机制与平台经营模式相结合，形成业务模式创新。

关于合伙人，主要从四个方面的内容了解，如表 1－1 所示。

表 1－1　合伙人主要概念

合伙人主要概念	概念说明
责任形式	合伙人对合伙企业债务承担责任的方式，是合伙企业区别于法人类企业的本质特征
权利、义务	合伙人在企业享有权利，也承担义务。合伙人的权利、义务主要由合伙协议予以约定
出资方式	合伙人的出资数额可以是均等的，也可以是不均等的。出资种类不限，既可以是实物形态的，也可以是无形财产
权利范围	包括组织形式、决策机制、行政运作、分配机制、人才资源、业务质量等

（1）合伙人的责任形式

合伙人的责任形式，指合伙人对合伙企业债务承担责任的方式，是合伙企业区别于法人类企业的本质特征。对于合伙人的责任形式，不同国家的法律有不同的规定，有的要求所有合伙人都承担无限责任，有的规定合伙人可承担有限责任，有的允许部分合伙人在有人对企业债务承担无限责任的基础上承担有限责任，有的还要求承担无限责任的合伙人对企业债务负连带责任。我国合伙企业法规定，合伙人应对合伙企业债务承担无限连带责任。

（2）合伙人的权利、义务

作为合伙企业的投资人，合伙人在企业享有权利，也承担义务。一般而言，合伙人的权利为经营合伙企业，参与合伙事务的执行，享受企业的收益分配；义务为遵守合伙协议，承担企业经营亏损，根据需要增加对企业的投入等。合伙人的权利、义务主要由合伙协议予以约定，对于一些特定的权利、义务，也可以在事后由全体合伙人共同确定。但对有些合伙人的特定权利、义务，法律也进行了一些必要的规范。

（3）合伙人的出资方式

合伙人的出资数额可以是均等的，也可以是不均等的。出资种类不限，既可以是实物形态的，也可以是无形财产。此外，债权、商标使用权、商号使用权也可作为合伙人的出资。只要其他合伙人同意，出资方式是没有限制的。

①合伙人出资以后，便丧失了对其作为出资部分的财产的所有权，合伙企业的财产权主体是合伙企业，而非单独的每一个合伙人。

②合伙人在合伙企业清算前私自转移或者处置合伙企业财产的，合伙企业不得以此对抗善意第三人。

③合伙人财产份额的转让。

对内转让：普通合伙人之间转让在合伙企业中的全部或者部分财产份额时，应当通知其他合伙人。

对外转让：除合伙协议另有约定外，普通合伙人向合伙人以外的人转让其在合伙企业中的全部或者部分财产份额时，须经其他合伙人一致同意。

优先权：合伙人向合伙人以外的人转让其在合伙企业中的财产份额的，在同等条件下，其他合伙人有优先购买权。但是，合伙协议另有约定的除外。

④出资。

普通合伙人以其在合伙企业中的财产份额出资的，须经其他合伙人一致同意；未经其他合伙人一致同意，其行为无效，由此给善意第三人造成损失的，由行为人依法承担赔偿责任。

（4）合伙人的权利范围

组织形式：把阿米巴做成合伙制，企业才能做久（机制）。企业建立开放式的、能上能下、能进能出、有级差的合伙人制度，打破合伙人终身制和合伙人权利绝对平等论。改革的目的：淡化权利均等意识，强化责、权、利对等意识，建立先进的科学的产权关系。

决策管理：有些企业存在高级合伙人自封、独断的家长制遗风，使决策失去民主；有些企业的所有合伙人，均等地享有“一人一票”，使意见难以集中，无法高效决策。解决的办法是采取“比重投票制”（根据资历、创收等贡献因素，确定不同合伙人所投票的比例），以建立科学的民主集中的决策机制，提高决策的效率。

运营管理：有些企业的合伙人，既负责决策又负责日常管理。新的理念是权力机构授权部分合伙人组成管理委员会，上对管理合伙人负责，下负责处理日常行政事务。这样既可以减少合伙人的管理成本，同时避免了合伙人之间因日常管理而产生的矛盾，又减少了管理层次和环节，提高了管理效率。

人才培养：企业建立科学的人才管理和运行机制，引入合伙制，通过优秀核心人才之间的有效合作、出色的协调与组织、和谐的氛围和企业文化来实现企业做大做强做久。

业务管理：通过合伙人机制，强化企业的团队协作和专业化分工，促进企业的规模化、专业化、品牌化发展。

分配机制：目前多数企业采取的“提成制”，并不等于真正意义上的“效益工资制”，这也不利于人才引进和培养，难以成规模。如果企业采取合伙人制度，可以强化综合效益（贡献）和综合能力指标的观念，建立科学合理的分配制度。

协调机制：采取合伙人制度，目的就是克服或者缓和企业员工之间的各种矛盾和内耗，建立起企业内部的经营意识和协调机制，保证企业在人员稳定的基础上不断求得发展。

合伙人主要分为普通合伙人与有限合伙人，内容见第二节、第三节。

第二节　普通合伙人

普通合伙人，是指在合伙企业中对合伙企业的债务依法承担无限连带责任的自然人、法人和其他组织。

普通合伙人的权利与义务，主要体现如下。

（1）普通合伙人的权利

①经营控制权。普通合伙人对企业事务拥有充分的管理和控制权，有权代表合伙企业签订对外的法律文件，在有限合伙中处于核心地位。

②获得年度管理费。管理费主要用于普通合伙人为管理企业而支出的日常开销，如房租、办公费、通讯费等。

③获得企业利润分成的权利。

（2）普通合伙人的义务

①出资义务。普通合伙人出资的目的使他们与有限合伙人共同承担风险，防止他们过于冒险。

②对合伙债务承担连带清偿责任。普通合伙人负责企业事务的经营和控制，普通合伙人对合伙企业债务承担连带清偿责任。连带责任的承担对普通合伙人构成了一种强有力的约束，使之真正对合伙企业运作履行诚信义务与责任，并限制普通合伙人以企业的名义大量对外举债。

③信息披露义务。普通合伙人要定期向有限合伙人提供财务报表，提供有关年度发展情况的报告，并邀请有限合伙人参加企业年会。

④遵守有限合伙协议的义务。为约束普通合伙人可能采取的种种机会主义行为，合伙协议对普通合伙人可能采取的种种机会主义行为设置了若干约束条款；普通合伙人须遵守协议的约定，不得违反。

第三节　有限合伙人

有限合伙人，即参与投资的企业等机构投资人和个人投资人，只承担有限责任。有限合伙人不执行合伙事务，不得对外代表有限合伙企业。

（1）有限合伙人的主要权利

有限合伙人可以用货币、实物、知识产权、土地使用权或者其他财产权利作价出资。有限合伙人不得以劳务出资。

有限合伙人应当按照合伙协议的约定按期足额缴纳出资；未按期足额缴纳的，应当承担补缴义务，并对其他合伙人承担违约责任。

有限合伙人可以同本有限合伙企业进行交易，但是，合伙协议另有约定的除外。

有限合伙人可以按照合伙协议的约定向合伙人以外的人转让其在有限合伙企业中的财产份额，但应当提前三十日通知其他合伙人。

（2）有限合伙人的退伙规定

有限合伙企业仅剩有限合伙人的，应当解散。作为有限合伙人的自然人，在有限合伙企业存续期间丧失民事行为能力的，其他合伙人不得因此要求其退伙。

有限合伙人退伙后，对基于其退伙前的原因发生的有限合伙企业债务，以其退伙时从有限合伙企业中取回的财产承担责任。

除合伙协议另有约定外，普通合伙人转变为有限合伙人，或者有限合伙人转变为普通合伙人，应当经全体合伙人一致同意。

胡博士点拨：

合伙人分为有限合伙人和普通合伙人两种。

◆有限合伙人：小平出了 10 万元与小强注册合伙企业做生意，结果还亏了 15 万元，小平不用赔，但这 10 万元也打水漂了。小平就是有限合伙人，承担失败的责任是有限度的。

◆普通合伙人：小强出了 20 万元与小平注册合伙企业做生意，总投资 30 万元，结果还亏了 15 万元，供应商货款没付，员工工资没发。对不起，小强，你的车子值 8 万元、你的房子值 100 万元，都给我卖了，发了工资、还了货款，剩下的才是你的。

◆还有谁愿意当普通合伙人？普通合伙人就是大哥，怎么会没有人愿意当大哥呢？既然是大哥，权力大，责任也大。

第四节　合伙企业

合伙企业，是指由各合伙人订立合伙协议，共同出资，共同经营，共享收益，共担风险，并对企业债务承担无限连带责任的营利性组织。合伙企业可以由部分合伙人经营，其他合伙人仅出资并共负盈亏，也可以由所有合伙人共同经营。合伙企业一般分为普通合伙企业和有限合伙企业。

普通合伙企业由 2 人以上的普通合伙人（没有上限规定）组成。普通合伙企业中，合伙人对合伙企业债务承担无限连带责任。

有限合伙企业由 2 人以上 50 人以下的普通合伙人和有限合伙人组成，其中普通合伙人和有限合伙人都至少有 1 人。当有限合伙企业只剩下普通合伙人时，应当转为普通合伙企业；如果只剩下有限合伙人时，应当解散。普通合伙人对合伙企业债务承担无限连带责任，有限合伙人以其认缴的出资额为限对合伙企业债务承担责任。

合伙企业的特征，主要有如下几点。

①企业生命有限。合伙企业比较容易设立和解散。合伙人签订了合伙协议，就宣告合伙企业的成立。新合伙人的加入，旧合伙人的退伙、清算等均可造成原合伙企业的解散及新合伙企业的成立。

②责任无限。合伙组织作为一个整体对债权人承担无限责任。

③相互代理。合伙企业的经营活动，由合伙人共同决定，合伙人有执行和监督的权利。合伙人可以推举负责人。合伙负责人和其他人员的经营活动，由全体合伙人承担民事责任。

④财产共有。合伙人投入的财产，由合伙人统一管理和使用，不经其他合伙人同意，任何一位合伙人都不得将合伙财产移为他用。只提供劳务，不提供资本的合伙人仅有权分享一部分利润，而无权分享合伙财产。

⑤利益共享。合伙企业在生产经营活动中所取得、积累的财产，归合伙人共有。如有亏损则亦由合伙人共同承担。损益分配的比例，应在合伙协议中明确规定；未经规定的可按合伙人出资比例分摊，或平均分摊。以劳务抵作资本的合伙人，除另有规定者外，一般不分摊损失。

胡博士点拨：

本节就不用多解释什么了，法律就是这么规定的，你了解一下就行了。

第五节 合伙机制

合伙制是一种具有悠久历史的经营方式之一。在我国古代，早就有了合伙机制的记载。《史记·管晏列传》记载，在春秋时期，管仲与鲍叔牙就在合伙经商，产生了合伙经营模式。明清时期的晋商是充分信任、授权赋能，实施顶身股制，就是股权激励，形成了股东、掌柜、伙计的合伙人机制。

在欧洲中世纪的地中海沿岸诸城市，合伙关系就已经相当发达，体现为“二人以上相约出资，经营共同事业，共享利益，共担风险”的契约关系。当时的航海贸易活动利润非常丰厚，为了使航海贸易活动长期持续下去，有两类人群通过一纸协议形成了合作——一类是有金钱、商品、船舶，却不愿冒生命危险亲赴海上贸易的投资者；一类是有航海贸易经验和技术，却苦于没有资金而不能进行航海贸易的专业人才。

而这份协议也就是合伙协议的雏形。它是最早的一种商业合伙形式，被称为“康孟达契约（Commeda）”——专业人才无须出资即可获得1/4的利润作为回报，但对经营风险承担无限责任；投资者不参与经营活动，仅以其出资为限承担风险，可分得利润的3/4。这在当时标准化的商业贸易契约中，是前所未有的。

由此可见，最早的合伙人机制源自业务发展的需要，并由此衍生出创新的、不单纯以出资占比为依据的利益分配方式。

合伙机制包含五大核心内容：搭建合伙平台、组建合伙团队、缔约合伙机制、塑造合伙意识、增加合伙价值。

如图1－1所示。

合伙机制更多体现为合伙人的责任和权利。合伙人制并不一定是一个严密的组织，比如不一定要注册成立合伙企业，也不一定成立公司，就是几个人做事内部形成规则就可以了。像项目合伙制、阿米巴合伙制、事业合伙制，不一定需要注册，内部签一个合伙协议或制度就可以了。

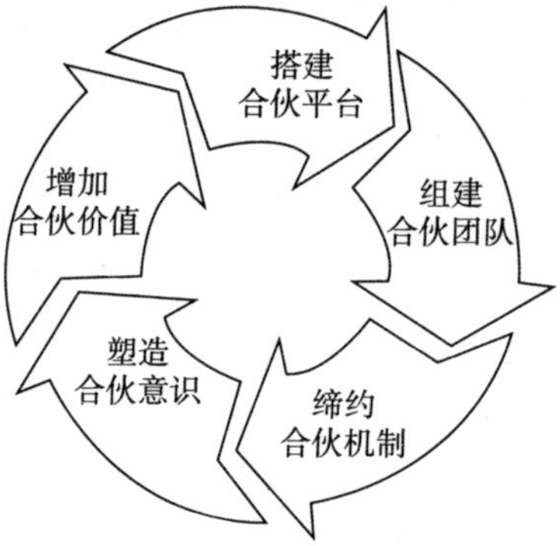

图1－1　合伙机制的五大核心内容

那么与业务模式紧密相关的合伙人机制是什么样的呢？这就是“企业平台＋阿米巴经营”的生态型业务模式，也就是这里的合伙机制不仅仅是一种激励机制，更是一种商业模式创新，是形成独特业务模式的重要组成部分。

阿米巴合伙制更多体现为“分算奖”中的“奖”。奖金是当期体现的，即这个阿米巴要做多少年，如何更加深入一步，投资把这个做好。

企业通过合伙人机制的“激励”作用，构建企业与员工共同发展平台。合伙机制包含控制权机制和激励机制。控制权机制就如阿里巴巴公司提出的合伙人机制，是为了“小股东的经营者”对战略决策具有一定的控制权。因此提出的合伙机制，由经营团队组成合伙人团队，可以提名50%的董事。通过这一机制，对公司的战略经营决策产生一定的控制权。而激励机制则是公司将股权激励或者利润分享冠以“合伙人”机制，比如万科的跟投机制和内部创业机制等。

胡博士点拨：

◆作为企业内部管理的一种合伙机制，就不必像合伙企业那么麻烦了。大家通过一个制度来约定游戏规则就可以了。想怎么做就怎么做，只要大家签名、画押、盖章、按手印表示认可就行了。

◆正是因为这种合伙机制操作简单却又行之有效，对合伙人起到激励作用，所以在企业管理中应用广泛。

◆如果把合伙机制延伸到组合外部资源，比如供应商、经销商、消费者等，一般就需要去注册。股份公司、有限公司、合伙企业，从某种意义上说也是一种合伙机制。

第六节　合伙制事业部

当企业发展到集团公司的时候，原来“牧羊式管理”的方式已经无法满足企业管理的要求，分权管理势在必行。

许多企业选择合伙制事业部的管理模式。随着企业（集团）规模越来越大，由于大企业（集团）管理幅度太宽、资产链条太长、产品门类太杂、微观管理薄弱，合伙制事业部便应运而生。

合伙制事业部是以利润责任为中心、各事业部实行独立核算、自负盈亏。事业部之间的经济往来遵循市场交换原则，总部只负责投资管理、资产管理以及对事业部负责人的考核和任用等，其他管理权限全部下放给事业部。这种管理模式旨在加大事业部的反应速度，激活事业部的积极性。

合伙制事业部是一种非常有特色的企业组织管理体制，目前变化形式较多，有的以产品类别、生产工艺、市场区域划分，也有的以客户群体类别划分，还有的按销售渠道划分。比较流行的主要有：产品主导型（按产品类型划分）事业部、地区主导型（按市场区域划分）事业部和客户主导型（按客户群体划分）事业部三种类型的结构。

合伙制事业部是企业内对具有独立的产品和市场、独立的责任和利益的部门实行分权管理的一种组织结构。其基本组织方式是在总公司的领导下设立多个事业部，各事业部实行严格的独立核算，并在内部经营管理上拥有自主性和独立性。这种组织结构形式最突出的特点是“集中决策，分散经营”，即总公司集中决策，事业部独立经营。

合伙制事业部需要注意如下问题。

一是清楚界定事业部的边界，使各事业部有自己的产品和独立的市场。要合并、重组企业内同类业务项，理顺产业链条，消除事业部之间的竞争，使整个公司形成合力。

二是必须明确各事业部的责任、权限和利益，做到责、权、利相匹配。

三是开发流畅的信息和通讯渠道，使总部与事业部、事业部与直接管理的工厂或装置之间的协调能随时进行。

四是建立准确有效的评估、监控机制。各事业部的竞争对手不同，市场环境不同，竞争条件不同，必须确定不同的评估基准。

随着企业兼并重组的推进，规模大型化、经营多样化的企业（集团）会不断涌现，合伙制事业部组织形式会被越来越广泛地采用。当然，企业组织管理体制改革和完善是个系统工程，应体现企业（集团）生存与发展的需要，并与其他相关工作共同推进。

第七节　合伙制阿米巴

我们先梳理合伙制与阿米巴经营模式的关系。概括而言，即把企业做成平台，企业才能做大；把平台做成阿米巴，企业才能做强；把阿米巴做成合伙制，企业才能做久。

合伙制阿米巴是企业未来发展的标配，把企业发展成平台和内部创业生态系统。让优秀的人才成为阿米巴合伙人，实现人与人、人与平台、人与资本更好的合伙和匹配。

合伙制阿米巴打破企业内部纵向决策、横向分工的组织体系，由公司建立支持平台，在平台上以合伙人牵头建阿米巴团队。各阿米巴组织独立决策、自负盈亏，合伙人对项目有充分决策权，享有相当的项目收益，因此工作积极性高、归属感强；公司的角色由领导者变成支持者和辅助者，为他们提供技术、人事、生产资料等支持，让人才以公司为平台内部创业。

“平台＋合伙人＋阿米巴”的经营模式。这种合伙制阿米巴不仅仅是一种激励机制，更是一种商业模式创新。如图 1－2 所示。

合伙制阿米巴的要点，如图 1－3 所示。

（1）巴内股

你的股值来自阿米巴内，所以阿米巴有一个叫作资产负债表，一个阿米巴一个资产负债表，你的股份来自阿米巴内。当然，也可以是一个区域性阿米巴，员工有一部分的股份来自区域阿米巴，还有一部分的股份来自销售公司，这些都属于“巴内股”。

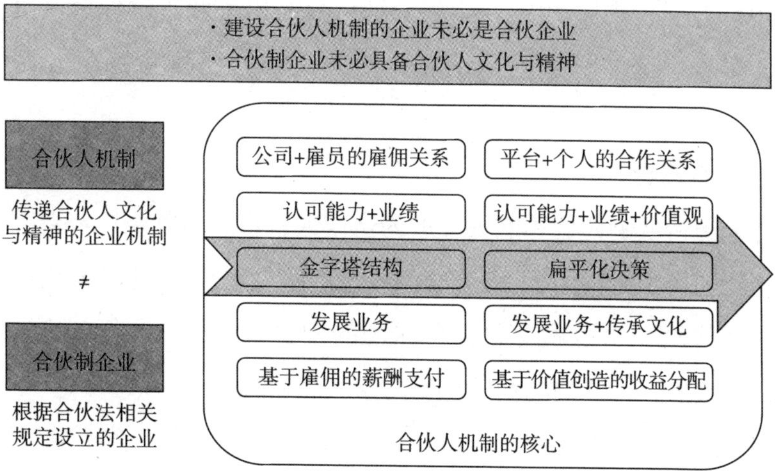

图 1－2 “平台＋合伙人＋阿米巴”的经营模式

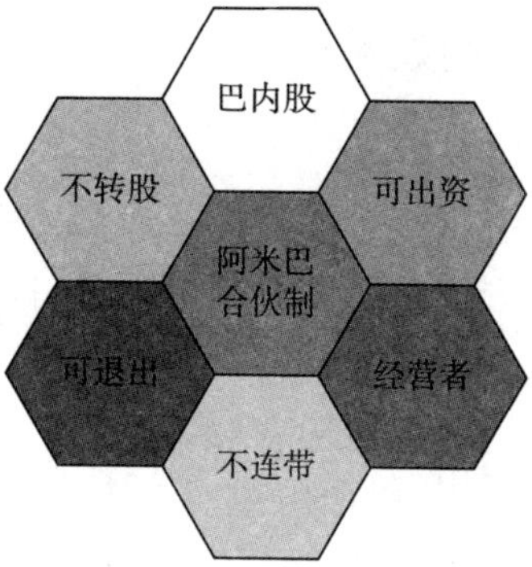

图 1－3 合伙制阿米巴的要点

（2）可出资

公司与核心高管合资成立阿米巴组织，共同运营业务。根据出资额的多少确定股份比例，共同决策。阿米巴合伙制，公司有控制权，员工有经营权和分配权，可以设置一定的期权池和激励机制，公司一步步过渡股份，激发员工的创业热情。这种模式需要员工具备一定的资金实力，或通过借贷解决。

出资还有一种方式，即员工成立阿米巴组织，母公司作为投资人只出钱不出力；员工出力，也可出资。比如项目估值 500 万元，公司投资 100 万元，占股 20%，年底分红；公司也可要求确保资产回报率不低于多少。这种阿米巴合伙制，让人人成为经营者，在公司平台创业。

（3）经营者

阿米巴合伙制让优秀的人才成为合伙人，也成为阿米巴经营者。每个阿米巴里，当所有员工都成为阿米巴合伙人之后，也就实现了“人人成为经营者”。每个阿米巴以阿米巴的领导为核心，自行制订各自的计划，并依靠全体成员的智慧和努力来实现目标。

人人成为经营者，更激发所有员工的“老板意识”，经营者更愿意将他的时间、资金、智慧都用到阿米巴组织里，共同参与经营，共享企业经营成果，共同推动企业的创新与发展。团队被激活、协调更顺畅、营销更生猛，内部管理更有效率。

（4）不连带

普通合伙人对合伙企业债务承担无限连带责任，但阿米巴合伙人只承担有限责任，即阿米巴合伙人仅限于承担与其出资额相应的责任。

（5）可退出

在阿米巴合伙制里，如果阿米巴合伙人由于个人经验与认知的局限，也没有获得快速成长，不再适应公司发展的需要，在阿米巴内部没有合适的工作能够发挥他的作用，那么阿米巴合伙人退出是早晚的事情。

因此，阿米巴合伙制可提前设定好股权退出机制，约定好在什么阶段合伙人退出阿米巴后，要退回的股权和退回形式。当合伙人退出阿米巴后，其所持的股权应该按照一定的形式退出，公司有对其股权具有优先购买权等。一方面对于继续在阿米巴组织里做事的其他合伙人更公平；另一方面也有利于公司的持续稳定发展。

（6）不转股

阿米巴合伙人持有的是“巴内股”，阿米巴合伙制可规定，要求其合伙人不转股。

本章总结

⊙合伙人的管理含义，即从管理的角度讲，合伙人有两种模式：一种是指合伙人的管理机制；另一种是合伙机制与平台经营模式相结合，形成业务模式创新。

⊙合伙机制更多体现为合伙人的责任和权利。合伙人制并不一定是一个严密的组织，比如不一定要注册成立合伙企业，也不一定成立公司，就是几个人做事内部形成规则。

⊙合伙企业，是指由各合伙人订立合伙协议，共同出资，共同经营，共享收益，共担风险，并对企业债务承担无限连带责任的营利性组织。

⊙普通合伙人，是指在合伙企业中对合伙企业的债务依法承担无限连带责任的自然人、法人和其他组织。

⊙有限合伙人，即参与投资的企业等机构投资人和个人投资人，只承担有限责任。有限合伙人不执行合伙事务，不得对外代表有限合伙企业。

⊙合伙制事业部是以利润责任为中心，各事业部实行独立核算、自负盈亏。

⊙合伙制阿米巴是企业未来发展的标配，把企业发展成平台和内部创业生态系统。让优秀的人才成为阿米巴合伙人，实现人与人、人与平台、人与资本更好的合伙和匹配。

第二章

为什么需要实施合伙制

为什么需要实施合伙制？主要有三大因素：人性的需要、时代的需要和竞争的需要。人性的需要，主要是指合伙人制度符合人性，有利于增强人的本质力量和巩固人在社会中的主体地位的需要。时代的需要，不是企业需不需要阿米巴，而是时代选择了阿米巴，这就要求我们站在时代格局之巅来看待合伙制，从趋势潮流的角度去解读阿米巴合伙制，用社会学和人性的眼光去认知合伙制。竞争的需要，未来不仅是人才的竞争，更是合伙人制度的竞争。

合伙制是企业凝聚人才、凝聚团队、抱团打天下的最佳模式。通过合伙制，在“人人成为经营者，人人分享经营性收益”的理念下，通过阿米巴经营模式，把核心人才发展成为执行股东，即经理人＋股东，最大限度地发挥人才财富机制。

第一节 人性的需要

为什么需要实施合伙制？首要因素是人性的需要。合伙人制度是顺应时代与人性的需要，基于企业战略的有效整合，运用简单有效的管理手段帮助企业从战略规划、运营管理到目标实现进行全程有效管理。在此过程中，企业与员工共担、共创事业成果，有效地实现企业的战略目标，使企业组织与员工从“利益共同体”向“事业共同体”乃至“命运共同体”成功过渡，最终实现幸福企业的目的。

人性的需要像阶梯一样，从低到高按层次分为身体自由、时间自由、财富自由等。

第一，身体自由。身体自由，即生理上的需要，包括食物、睡眠、生理平衡等。如果这些需要任何一项得不到满足，人类个体的生理机能就无法正常运转，人的生命就会因此受到威胁。从这个意义上说，身体自由是推动人们行动最首要的动力。身体自由是最基本的需要，只有生理上的需要满足到维持生存所必需的程度后，其他的需要才能成为新的激励因素。如果一个人连最基本的人性的需求都得不到满足，他怎么可能全力以赴地投入工作？

第二，时间自由。创业者拥有三种自由，即时间自由、决策自由和资金自由。时间自由就意味着无穷的选择和可能性。我为什么要“朝九晚五”呢？我希望是“想去就去，不想去就不去”。成为公司的合伙人，这是实现时间自由的最佳路径。

时间自由也是相对的。合伙人拥有时间自由，但在中国商业环境中，竞争永远激烈，落后就要面临淘汰。对于企业合伙人来说，时间相对自由，但必须随时待命。合伙人需要懂得自我约束、自我驱动，付出不亚于任何人的努力。

第三，财富自由。在当今这个时代，越来越多的人开始不甘给人打工，更不甘大好年华埋没在“朝九晚五”的机械劳作中，从人性上越来越倾向于“我的地盘我做主”。他们搜罗各方资源，“搭伙”成为合伙人，搭建自己的事业“王国”，最终实现财务自由。

是什么力量推动这种转变呢？我们以传统的雇佣制和合伙制进行比较，即可找到答案。合伙制和雇佣制的区别表现在资本运作模式、企业治理和利益分配上。

其一，资本运作方面。合伙制是对传统雇佣制的巨大颠覆，从资本雇佣员工变为资本与员工的合作。从单纯的员工变为兼具股东身份，从“打工仔”变为“合伙人”，资本与员工更多地融合。雇佣制体现为资本雇佣劳动，大股东是老板，老板与员工相对割裂。

其二，企业治理权力方面。合伙制下的企业治理，由于股权结构的优化，股东之间的权力相对均衡，合伙人拥有更多的话语权，相应的管理扁平化更普遍，分权成为常态。雇佣制下的企业治理，资本拥有绝对话语权，任何事情都是老板说了算，而且等级关系明显，部门隔阂严重。

其三，利益分配方面。在合伙制下，资本、员工之间的利益分配更公平，员工获利空间更大，能更好地满足员工对财务自由的追求。而雇佣制下，员工难以公平享受企业发展的成果，员工的行为容易短期化。员工也缺乏奋斗的动力，企业的成败系于老板一人，风险相对较大。

在合伙制企业中，人人成为经营者，有更多的员工成为合伙人，这将有利于形成利益和命运共同体，降低企业发展的成败仅系于老板的风险。合伙制能够让员工实现财务自由，这也是人性的需要。

胡博士点拨：

人最喜欢按照自己的意志行事，可是你的自由行事如果不能给公司带来价值，甚至带来的是副作用，谁来买单？你不能只想符合自己的人性而不符合老板的人性，要自由却不负责任，你也要出钱，一起承担风险。这就符合你我共同的人性了。

第二节　时代的需要

在移动互联网时代，个体价值渐渐崛起，当互联网文明代表更高生产利益的时候，新的组织结构所代表的生产关系——合伙人制便应运而生。企业家可以充分利用合伙制来筹集资金，与创业合伙人并肩作战，共担风雨，共享事业成果。

时代选择了阿米巴，时代选择了合伙人制。互联网造就了无数单干的机会，我们离互联网越来越近，但情感不一定越来越近。这个时代是互联网的时代，你很快就会发现，如果一家企业不给予员工展现才能的机会，不让他做阿米巴，他就自己干。

企业面临环境之变，时代需要合伙人制，我们可以用一个 4N 模型来解读。4N 即 4New：新经济时代、新业态模式、新用户类别和新职场力量。如图 2－1 所示。

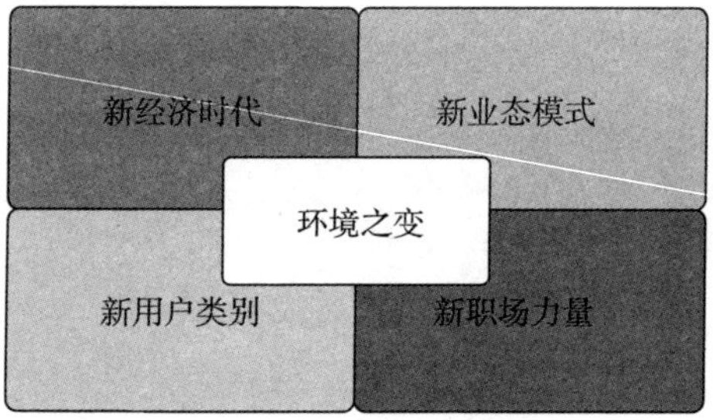

图 2－1　4N 模型

一、新经济时代

在新经济时代和历史背景趋势下，重建企业的生态圈和生态规则，而这个良性生态是建立在“和谐多赢、关注持续”上的，是追求伦理和产业合一的成功，这正是阿米巴经营模式倡导的。

阿米巴中的各个 mini 经营单元是个性化的，阿米巴鼓励个性化发展和百花齐放，但阿米巴又是在整体主流价值趋同下的 mini 经营个性化。

无论是在哲学共有体系的“精神文明、物质文明对立统一”，还是幸福型企业的终极目标之员工、客户、股东、社会幸福相结合的“和谐多赢”关系，抑或是阿米巴实学体系中的各个“巴”之间可分可合，既突出个体又强调整体协作共赢的经营模式。在新经济时代，通过合伙人机制，既实现规模化效益，又实现阿米巴经营单元自主经营，把企业做大做强做久。

二、新业态模式

随着互联网时代的变化，业态模式和企业的经营都在随之而变。从阿米巴经营的起源，20 世纪 60 年代制造业的京瓷，到今天的移动互联网时代，应该说时代赋予了阿米巴经营模式更多的时代特征。平台思维和客户思维，也是时代企业合伙制的两大要素。

（1）平台思维

平台思维也是目前各行各业最热门的词汇。对于阿米巴经营系统而言，其实企业就犹如一个平台运营商，构建这样一个平台，创造一个内部市场，制定内部市场的各个用户交易的规则，而各级阿米巴就如同平台上的各个自主经营体，极致地完成和用户的交易。从阿米巴的组织架构来看，从传统的纵向的金字塔形的架构转变为横向的扁平化的架构，其实质正是从垂直化到平台化的转变，完全契合互联网思维及电商革命的趋势。

（2）客户思维

互联网时代，我们提倡关注用户体验，将客户价值上升到前所未有的高度。谁能以最低的成本获取最多的客户的忠诚，谁就将赢得未来。阿米巴的经营模式其本质也是以客户为中心，重组企业的柔性供应链、实现个性化定制和对客户的快速反应，以及用户体验至上的创新机制。

在阿米巴的经营系统内，部门墙、推诿扯皮、责任不清的现象被大大改善，从各级阿米巴到企业整体都以客户为中心来重组内部价值链，以自我驱动的方式来完善价值链上每个环节的客户体验，通过客户价值创造获得客户黏性和客户忠诚，从而实现经营效益的快速提升。

三、新用户类别

互联网时代让我们重新定义了“客户”和“用户”。

在阿米巴经营中，由于企业内部市场的构建和运作，事实上就存在“客户”和“用户”两大类别。在同级阿米巴中，上下游间的购销关系由于基于相同的整体目标，产品购销平进平出，实则是协同效应下的用户服务的关系；在跨“巴”交易中，各“巴”通过内部交易，实则是互为客户的关系。

而在阿米巴运行纵深化的阶段，随着阿米巴的裂变和分化，用户可以转化为客户，这时的选择基础就会基于昔日的用户服务和体验，因为存在内外两个市场的竞合关系。阿米巴经营通过内部市场的构建和内外两个市场的竞合，很好地凸显了“用户”“客户”和“用户向客户转化”的互联网特征。

基于新用户类别，企业在导入阿米巴经营模式的同时，也需要利用合伙制控制整个公司。

四、新职场力量

随着“80后”“90后”逐渐走上企业的主力管理舞台，企业的互联网特征也随着新新人类的标签化而日益鲜明。新生代员工的优点，譬如开放透明、自我驱动、勇于创新、敢于质疑，这正是契合阿米巴经营中从文化到机制所倡导和支撑的；而这类新生代员工的短板，譬如张扬个性、忽略协作等，又因为阿米巴经营的自主经营体的机制和内部团队有机协作的特征而得以调和改善。对于不甘于寂寞、喜欢创业的新生代员工而言，阿米巴最大的魅力还在于它提供了员工无须投资就获得的内部创业平台和机会，只要努力，就有可能成为经理人 + 股东，以合伙人的身份参与公司经营。大公司的资源优势、历史沉淀，加上新生代员工的激情原动力，使得两种要素得以互相融合。在互联网的创业潮中，阿米巴 + 合伙制给弄潮儿们提供了契机和平台。

胡博士点拨：

现在创业的机会很多，如果公司内部不能提供创业的机会，就去外面创业，即使开个网店，也不见得比现在差。如果你就在我这里创业，那就拿出本钱、拿出时间、拿出你的本事。既然是创业，总不能全部是我的钱，还要给你发工资？天下哪有这样的创业？

第三节　竞争的需要

合伙人制，也是企业竞争的需要。比如富士康这样的企业，主要客户包括苹果、华为、联想等，前五大客户营业收入占整体营业收入的七成多。在经济发展势头强劲的时候，富士康只要把这些大客户的业务做好，企业营业收入就很可观，靠老板就可以拉动整个公司的发展。

但现在是多元化竞争，老板根本拉不动。所有的压力都源于一个事实，由于互联网和新技术的冲击，导致很多传统企业的营业收入和利润都在下降，整体竞争力变弱，不少行业面临价格下降、成本提升。传统企业依靠粗放的管理，只进行规模上的扩张，已经无法在这个时代为企业带来竞争力。传统组织模式就像20世纪的蒸汽火车，火车头拖不动，跑不快。

另外，一些创新型竞争对手正不断给老牌企业带来威胁，这些竞争者具有老牌企业难以匹敌的灵活性和侵略性，同时在企业平台上还不断催生孵化新的企业，正在与大企业竞争。基于此，企业必须用机制创新驱动增长，推行阿米巴+合伙人模式，把部分经营权和决策权下沉，重塑企业治理结构，打造互联网时代的人才共享平台，为人才的成长提供土壤，最终提高企业的核心竞争力。

（1）企业增长机制：阿米巴小组作战

阿米巴经营模式，是指在正确的经营理念的指导下，把组织划分成一个个小的团体，通过独立核算制加以运作，在公司内部培养具备经营者意识的领导，实现全体员工参与经营的全员参与型经营。

而中国式阿米巴是以稻盛式阿米巴为内核，结合中国文化、企业特点，将内核向外做恰当的扩展，以使阿米巴经营模式能在中国企业产生更大的效用。中国式阿米巴主要包括战略与组织、目标与核算、人才与激励三个体系，每个体系下面又分为若干个模块，根据不同企业的特点进行个性化的组合，并与合伙人机制进行完美结合。

阿米巴经营小组作战，在业务运营上实行扁平化管理，在收益分配上实行“按战功论英雄”的差异化激励，既保持了阿米巴组织的灵活性，又打造了组织的竞争力。如果传统组织模式像蒸汽火车，那么阿米巴 + 合伙制就是高铁，高铁车厢每节自带动力。

（2）企业增长机制：内部市场化

企业建立市场化平台，有效提升发展动力。以前是传统的职能部门，现在变成一个自主核算、独立经营的经营主体，每一个基层经营单元将业务发展与成本、投资关联起来，无形中增强了员工的经营意识、成本意识。

企业通过推行阿米巴经营模式，建立市场化平台，核算投入产出，并根据产出效益进行利益分配，逐步解决企业对资源投入过度依赖、资源效用未能充分发挥、内部发展动力不强等问题。

将市场机制引入企业内部是推行阿米巴经营模式的一个核心，只要各阿米巴经营单元之间存在中间产品或服务的交换，就可以通过内部价格机制来度量价值链上的价值创造。

（3）企业增长支撑机制：合伙人制

在企业增长战略中，人才战略尤为关键，企业需明确人才的获得、培养，以及优秀核心人才的复制。也需要明确趋势：雇佣时代已经结束，合伙时代已经来临。这就意味着企业需要导入阿米巴经营模式，从而创造出能够为员工赋能的机制，让员工自我决策、自我负责，充分发挥员工的价值。

如何打造具有吸引力的企业平台，关键是构建战略与组织、目标与核算、人才与激励等三个体系，以及“以战功论英雄”的合伙人体系。

如何按战功论英雄？公司每年基于业务特点和行业合理利润情况，设计出一套阶梯式的任务体系，说明不同任务对应的合伙人层级，以及对应的激励方案。根据合伙人承诺完成的任务指标，赋予合伙人相对应的权利和收益。在培养足够的新合伙人的基础上，承诺完成什么样的任务，就对应什么样的授权和收益。

在这种情况下，对于每位员工，理论上经营报表均可体现其是否可以成为合伙人，以及何种级别合伙人。这样，通过一套有效的晋升机制，形成一线员工的晋升通道，打通一线员工到管理层的上升通道，形成经营生态的闭环。

在合伙人体系下，阿米巴组织裂变孵化成了经营人才的自发行为。企业树立员工的共同愿景，然后出台一系列的考核机制、晋升机制、报酬机制等，最后通过制度来统一员工的价值观。通过人才与激励，企业将合伙人群体深度绑定，打造利益共同体，形成更加强大的军团。

合伙人制度，建立的不是一个利益集团，更不是为了更好地控制这家公司的权力机构，而是企业内在动力机制。这个机制将传承企业的共同愿景和价值观，确保企业持续创新，组织更加完善，在未来的市场中更加灵活，更有竞争力。

胡博士点拨：

以前老板通过自己的关系就可以拿到订单，其他人只管做就行了。现在不行了，需要竞标，技术标、商务标，也不是某个人就可以做的出来的。还要什么环保认证、安全认证、质量认证、履行社会责任……老板也不是神仙，还是大家一起合作，就像高铁、动车一样，每节车厢都有动力，这样才跑得快。

本章总结

⊙为什么需要实施合伙制？主要有三大因素：人性的需要、时代的需要和竞争的需要。

⊙人性的需要，主要是指合伙人制度符合人性，有利于增强人的本质力量和巩固人在社会中的主体地位。

⊙时代的需要，不是企业需不需要阿米巴，而是时代选择了阿米巴，这就要求我们站在时代格局之巅来看待合伙制，从趋势潮流的角度去解读阿米巴合伙制，用社会学和人性的眼光去认知合伙制。

⊙竞争的需要，未来不仅是人才的竞争，更是合伙人制度的竞争。

第三章

如何实施合伙制之三点思考

时代发展呼唤“阿米巴 + 合伙制”模式。为什么只有老板关注利润，而员工只关注做事本身？为什么部门之间有那么多推诿，只有老板才能协调？中国企业要做大做强做久，实现二次创业，就需要改变以往企业老板一个人承担责任、制定决策、引领发展的局面，需要打造出一个优秀的合伙人团队。合伙人要能共创共担共享，要能支撑平台战略转型与落地，要能高度认同并传承企业文化，要能持续激发奋斗激情，还要保障企业具有应对未来挑战的核心竞争力。

第一节　何事需要合伙

何事需要合伙？主要有两点：第一，一个必要前提是实施阿米巴模式：分、算、奖。第二，有五处适用范围：要引进高级人才、要拆分现有业务、要变革管理模式、要延伸新的业务、要引进新的项目。

一、一个必要前提

很多企业老板喜欢把企业的关联业务无限制延伸。柏明顿咨询公司有一个客户，这家公司的主营业务是生产电子产品，生产了各种各样的充电器，当时公司净利润高，经营效益很好。

后来，老板说五金件的铜线也要生产，成立这个工厂不难，招聘一个经理来做。一些电子件需要有塑胶，又增加了一个塑胶车间。企业总人数一度膨胀到八千多人。

由于公司没有采用合伙制，也没有采用阿米巴经营模式，公司养着一个庞大的团队，导致企业连续 3 年亏损，老板着急了。为什么长期没盈利？一算就知道到底是亏在电子件还是亏在塑胶件、五金件。

你不要以为从外面采购塑胶、五金，利润是供应商的，如果自己做，那么利润归自己了。

其实不然。你生产这些塑胶、五金配件，需要投入厂房、设备等固定资产，需要库存原材料、在制品、成品，也会出现产品不合格甚至报废的情况。人工就不用说了。而你外购产品，这些风险都是由供应商在承担，所以最后算下来，如果你做得不是非常专业、非常好，成本往往会比外购还贵。

后来，这家公司导入柏明顿的阿米巴 + 合伙制。

第一，明确各个业务部门是独立核算（这里重点列举塑胶、五金两个部门）的利润中心，盘点一下他们现有的固定资产、流动资金，也就是相当于明确了他们现在有多少家底。

第二，通过阿米巴定价方法的“成本推算法 + 市场参照法”，对塑胶、五金产品按照一定的维度来进行分类，并对每一类产品建立定价规则、计算公式，以后就按这个规则、这个公式把产品卖给内部各个有需要的部门。同时鼓励对外销售，对外销售的定价，公司只给了一些原则、计算的方法，具体定价的权力则由塑胶、五金进行合伙制改造后的负责人来行使。

第三，进行合伙制改造。如果车间管理层有信心做合伙人，那就一起合伙做；如果管理层不乐意合伙，公司就把这些生产线完全承包给外部或者引进外部合伙人、股东。内部改造时，资产按 1 ∶ 1 的原价给内部人员；对外改造时，就执行谈判的结果。

通过划分组织，让阿米巴组织自主经营、独立核算，各个阿米巴的产品和服务进行交易，公司的效益得以逐步提升，开始扭亏为盈。所以，企业在延伸产业链的一开始就要导入阿米巴，最好是“ + 合伙制”。

回到主题，实施合伙制的前提是什么？一定要做实施阿米巴模式：分、算、奖。

中国式阿米巴主要包括战略与组织、目标与核算、人才与激励三个体系，每个体系下面又分为若干个模块，根据不同企业的特点进行个性化的组合。

分，即三大体系的战略与组织。首先分析外在的竞争环境，从而制定相应的企业战略、设计支撑战略的组织架构，将新的组织细分为阿米巴单元，而不是直接将现有的部门划分为阿米巴。

算，即三大体系的目标与核算。首先，明确各“巴”的经营目标；其次，制定相关的财务预算、规范内部定价与交易规则；最后，引入外部竞争以提升各“巴”的活力，而不是简单对各“巴”的数据进行独立核算。

奖，即三大体系的人才与激励。首先，树立员工的共同愿景；其次，出台一系列考核机制、晋升机制、报酬机制等；最后，通过制度来统一员工的价值观，而不是唯心主义地灌输一些空洞的理念。

为什么分、算、奖经营模式是实施合伙制的前提呢？把阿米巴做成合伙制，企业才能做久（机制）。

什么决定了企业的成长和衰败，怎样才能成为一个百年持续经营、基业长青的企业？

企业做久——企业要解决的问题是如何在剧烈的商业环境变化下，激烈的市场竞争中持续经营、长盛不衰。所谓的“百年企业”、“基业长青”，是用于描述树立“做久”目标的这类企业。

具体的操作方式：把阿米巴做成合伙制。企业创造了一个“平台化+阿米巴经营+合伙制”的模式，阿米巴单元自主经营、独立核算，但共享一个事业平台、一套基于阿米巴软件的管理平台，员工工资、奖金、股权完全来自本单元，公司员工通过持有股票及跟投项目变身为合伙人，公司捆绑员工的利益，彻底实行利益共享、风险共担，共同在一个事业与管理平台上经营与生产。

成功实施阿米巴模式：分、算、奖之后，再实施合伙人制度也就水到渠成、事半功倍了。

胡博士点拨：

把企业内部某个业务部门拿出来做成合伙制，这是最常见也是最容易实施的。由于这个业务部门与企业内部多个部门相互交易，如果内部交易的定价不明确，那么这个合伙制的业务部门就不可能十分清楚地独立核算，它的收益就是一笔糊涂账。

以前收益是老板一个人的，是从左边口袋到右边口袋，没人管；现在是合伙制了，有几个股东，如果算不清楚或算得不合理，还能合作下去吗？

二、五处适用范围

合伙制作为一种管理机制，适用的范围非常广。在实际应用中，不一定刚开始就要去注册合伙企业，而是通过大家商定形成协议的方式来操作，等有必要或条件成熟后再去注册也是可以的。

下面我就介绍采用合伙制的五种场景。

1. 要引进高级人才

有一句话："未来无工可打，未来无人可请。"我们分析一下这句话，一般是指特别优秀、特别高级的人才，如果你净身给人家打工，老板不太敢要。为什么？因为你的职务高，将来要运用公司很多资源，包括资金，才能发挥你的岗位价值与个人优势。不让你用，就白浪费高薪请你了；让你用，投入那么大，没有产生期望的业绩怎么办？最好的办法就是把这位高级人才吸引成合伙人。

企业引进高级人才的需求催生合伙制模式。企业通过股权激励计划来改善公司治理结构，留住高级人才，已是大势所趋。具有创新精神与能力的高级核心人才，比如营销人才、技术人才、管理人才和生产人才等，就成为企业争夺的最有价值的资源。

企业为什么遭遇人才荒？公司和高级人才不是合作的关系，只是简单的雇佣关系，这些核心人才只会把工作当成工作而不是事业；一股独大的企业很难做大做强做久，优秀人才不愿在这样的企业干一辈子，长本事之后就会选择创业。

企业更需要高级人才，希望他们能够参与决策，共同思考企业发展的模式创新、行业资源的整合利用，并愿意共同承担未来风险。总而言之，你不让他合伙创业，他就挖人创业；你不给他股份，他就自己找股份。

实施合伙制为何能够引进和留住高级人才？主要有如下因素。

第一，实施合伙制，采用员工持股计划，能够让员工把阿米巴当成一项事业，而不是简单的雇佣关系。

第二，把职业经理人变成合伙人。企业与员工分享企业发展带来的红利，把公司利益和员工的利益紧紧捆在一起，从“要我干”转变为“我要干”的经营模式。

第三，从利润分配角度来讲，合伙人在收益方面拥有很大的主导权，企业会按照个人能力及贡献度的大小进行利润分配，让高级人才得到合乎其价值的报酬，这种激励模式更能稳住人才。实施股权激励机制，可以让员工分享企业成长所带来的收益，增强员工的归属感和认同感，提高员工的积极性和创造性。

第四，企业致力打造的“企业平台 + 阿米巴经营 + 合伙人制”模式，能够为高级人才提供一个平台，最终实现企业平台和员工的共同成长。

2. 要拆分现有业务

拆分现有业务，包括职能拆分、产品拆分、品牌拆分和区域拆分等。比如母公司意识到子公司（或项目）的发展潜力，但是为了让管理者有更大的动力把项目做好；或者没有足够的资金资源支持项目的发展，母公司把子公司分拆出去是实现子公司（或项目）价值最好的选择。母公司的股东一般会占有新公司一定比例的股份。

柏明顿的客户中，有一家食品企业用分拆的商业模式建立起了一个庞大的控股集团。该公司鼓励内部开发的新项目独立出去，由母公司占大股并提供财务指导，待到分拆出去的公司长大后促成其独立运营。很多内部管理人员成了新公司的股东和合伙人。

所以，当企业要拆分现有业务，就需要导入“阿米巴 + 合伙制”。合伙人机制作为一种“以人才为本，以业务为根”的企业生态系统进化机制，使员工感受到自身利益与公司利益的密切捆绑，合伙激励的范围就可能更广。在企业应对不同业务挑战的过程中，不断演进与升级，是推动企业持续发展的重要驱动力。合伙人机制在企业发展过程中不断自我总结和进化，才能成就更多业务全球领先的精英企业。

3. 要变革管理模式

变革管理模式，包括治理结构变革、经营模式变革、组织结构变革、作业方式变革等。

如果企业增长迟缓，内部不良问题产生，无法应对经营环境的变化时，企业必须变革管理模式，将内部层级、工作流程及企业文化进行必要的调整与改善管理，推动企业顺利转型。

企业知道怎样变革管理模式更重要。最重要的是在企业高管层有完善的计划与实施步骤，以及对可能出现的障碍与阻力有清醒认识。

企业要变革管理模式，也就要求企业实施合伙制。通过“阿米巴 + 合伙制”模式，企业的效率和整体竞争力会不断提高，计划、组织、领导、控制的过程更加有效。在合伙制下，将各个层面的员工都带动起来，培养主人翁意识，组织一个强有力的领导联盟，鼓励这个合伙人队伍协同作战。在扁平化的组织结构中，由于权力的距离缩短，变革管理才能够有效实施。

4. 要延伸新的业务

企业转型过程中普遍关注的问题之一，是如何延伸新的业务以及如何激活老业务。原来业务的增长空间和持续发展遭遇瓶颈，迫切需要寻找新的增长点，业务结构的多元化势在必行。

延伸原有业务，主要有上游资源延伸、下游终端延伸、横向相关延伸、横向多元延伸等。

延伸新的业务，需要考虑两点：一是在宏观层面，需要考虑产业总体战略和产业政策的问题，如外部市场变数、市场机遇或威胁、政策环境的变化等；二是在微观层面，则考虑企业经营战略及竞争策略的问题。延伸新的业务，一定要与企业自身战略发展相关，与企业核心资源能力水平相匹配。需要分析产业链延伸的方向和范围，即分析企业应横向同业伸展还是纵向上下游伸展。

企业需要不断创新突破，不断延伸新的业务，寻求新的业务增长点，同样需要人才落地战略。这就需要企业实施合伙制，找到支撑起业务的合伙人。

在一个新的业务领域，合适的人才无外乎两种：一个是外部找，另一个是内部长。外部找，即实施合伙制，以机制创新吸引成熟、优秀的管理者加入公司。内部长，即阿米巴经营模式具有人才培养体系，快速去识别，快速去认可，快速去激励，快速去给予机会，只要你优秀，就能在公司找到自己的舞台，就能成为公司的合伙人。

5. 要引进新的项目

引进新的项目，这个项目的范畴很广，其实业务延伸也相当于新的项目。项目有广义和狭义的概念。广义的概念就是独角兽项目；狭义的概念，即项目就是有明确的开始和约定的结束，有标志性。引进新的业务，主要包括投资型业务、研发型业务、加工型业务和顾问型业务等。

比如白板笔中的墨水，我们公司生产的白板笔购买的是人家的墨水，书写的时候不容易擦掉，或者写不清楚。于是，我们公司成立了一个项目小组，专门研发一种比较好的墨水，又容易写，又容易擦，还有香味，纸反面还不渗透，这是一个项目。

但是我们公司不生产墨水，新型墨水研发出来以后，找到现在给我们供应墨水的厂商，让其代加工，新型墨水配方保密，部分原材料我们自己采购，让厂商帮我们加工，那这个研发项目就完成了。

为什么研发这个新型墨水项目？我们成立一个项目合伙制，人力、物力、实验室、设备都需要投资和费用，未来寄托于我们的销售，一个人干不够，要带几个工程师。研发部不断地做实验，容易写容易擦，项目进程结束。

到了销售环节。卖出去多少支笔都有数目，或者是一支笔给团队提一元钱。从理论来讲，合伙人是在干活，但公司不想给你发工资。按道理来讲，合伙人不需要你发工资。如果公司只是给合伙人发工资，合伙人就没有那么高的积极性。

虽然公司不给合伙人发工资，但会把该项目利润的 30% 当作合伙人的工资。按照股份和利润来计算，当时预测 30% 的股份刚好 300 万元左右。在这个项目中，企业老板是投资者，合伙人才是经营者。根据公司当时的预测，合伙人也认可这个预测数据，现在拿 30% 的利润分配，但这是预测，有可能是 300 万元，也有可能是 400 万元，要看经营团队的本事。有本事这 30% 的利润分到 1000 万元，也是你经营得好。老板不能嫉妒经营团队，因为这是靠他们的努力，如果他们做得不好，30% 的股份预测结果只有 100 万元。也就是说，经营团队吃亏，老板也吃亏。盈利多了，经营团队盈利，老板也盈利，共打拼、共命运才叫合伙人。如果不共命运，就 300 万元的工资，可能老板的本钱都丢光了。拿工资和不拿工资的激励机制、动力是不一样的。

胡博士点拨：

适用合伙制的场景还有很多，但实际上这五种情形是最佳时机，因为老板也不可能把整个公司全变更成合伙企业或合伙机制。

第二节　与什么人合伙

与什么样的人合伙？又出钱又出力的放到第一象限，只出钱不出力的也可以合伙，只出力没钱的也可以做。不出钱不出力的要不要？虽然他不上班，但有资源。这四种人，都有可能会成为我们的合伙对象。

目的不同，选择的合伙人也不一样。选择合伙人的必备条件，即三有三愿。三有即有道德、有能力、有资源，三愿即愿意接受挑战、愿冒风险、愿意出资。

一、三有（有资源、有能力、有道德）

1. 有资源

现代企业资源不再是传统意义上的企业内部资源，即人才、资金、固定资产及原材料等，它的内涵和外延得到空前的延伸。可以这么说，只要是企业可以利用的，或对企业生产经营有促进作用的资源都可以称为企业资源，要强调企业的无形资源和外部其他资源，包括客户、资金和关系等，这都是企业重视和挖掘的资源。

首先，企业选择合伙人。在资源要求方面，要求合伙人具备客户资源。客户资源是一种重要的外部资源，客户是影响企业存亡的“上帝”。选择有客户资源的合伙人加盟，能够提高企业的销售收入，有效提高企业收益。

其次，选择有资金的合伙人。合伙人必须具有一定的资金基础。在公司里，人与人长期相处共事，既要讲朋友式的友情，也要有利益分配制，做事要讲规则。合伙创业本就是一种长期的利益关系，合伙人之间要“共创、共担、共享”，这也要求合伙人必须要有一定的资金基础，既然享有公司股份，就要投入真金白银到运营中。在竞争激烈的商业环境，企业想要发展，资金是最重要的资源，没有资金支撑的企业，也难以做大做强。

最后，合伙人要有关系。即合伙人要有给企业带来帮助的人际关系网。合伙人在各个顶尖领域的人脉广泛，就有可能给企业带来更多的合作机会。

2. 有能力

一家企业的管理水准取决于企业高管的管理高度。所以，选择合伙人，就必须选择有能力的高级人才。

首先，合伙人必须有经营能力，包括领导能力、经营能力、管理能力；其次，要有承受能力，能够承受经济压力、失败、经营压力；最后，要有专业能力，包括有现成产品、开发能力、组合能力等。合伙人的专业能力和专业精神，是为社会的福祉服务，是推动社会文明的进步。

3. 有道德

如果企业高管是非股东，就会埋下很大的道德风险。因为公司不是他们的，他们很可能急功近利，透支公司的发展潜力，放弃对公司的长期发展责任。所以，必须通过合伙制，把高管的利益与股东的利益捆绑在一起。选择合伙人，有道德也成为必备条件之一。

有道德，主要包括有理想、有担当、有责任。合伙人要有理想情怀，要体现社会责任。真正有使命感、价值观的合伙人会看长线，并用自己的内容产品说话。这种有使命感、有理想情怀的团队，才能带领企业走得长远。为什么合伙人要有担当？合伙人拥有公司的股份，可以分享财富，那他就要像老板一样积极主动、敢于担当，分担老板的责任。有责任，从本质上讲既要求利己，又要利他人、利事业、利国家、利社会。高度的责任感是合伙人必须具备的一种心态。由于合伙人承担了由于业务失误或是公司业绩下滑、业绩不佳带来的全部连带责任，这种沉重的压力使得合伙人更重视产品的质量控制和风险把控。

二、三愿（愿意接受挑战、愿冒风险、愿意出资）

三愿，一是做合伙人是对自己的挑战，做职业经理人，有压力、责任、权利；二是愿意冒风险；三是愿意出资本，你没有钱，刚好我们合伙，没有现金没关系，我们跑业务，这个也可以。如果基本工资固定不变，分红还要分，怎么合伙？

1. 愿意接受挑战

合伙人如何打破常规？如何从管理模式上进行创新？这就要求合伙人必须愿意接受挑战。比如在一些创新、具有风险的项目上，工作开展过程中可能存在某些方面的不足导致结果出现偏差，这时就需要合伙人根据实际情况进行充分分析、判定，整合现有资源，打破固有模式，勇于尝试、大胆创新，公司才能在行业中生存下去，才能成为市场发展方向的引领者。

2. 愿冒风险

合伙人要有冒险精神。冒险不是赌徒心态，是一种担当精神，是对创业、创新结果不确定性和有可能产生风险的一种承担。如果没有担当就没有勇气，冒险精神就是无止境的学习和探索精神，是对不确定性和风险的担当。

3. 愿意出资

只有出资才有资格成为合伙人，因为不出资就没有心痛的感觉，也不会珍惜。要求合伙人出资的目的，是让他们与企业老板共同承担风险，防止合伙人过分地冒险，或者缺乏担当。

胡博士点拨：

如果只是出钱但不参与经营的合伙人，那么对其的要求就不用那么多；如果出钱又一起共同经营，那么“合不合得来”是非常重要的。

第三节　达到什么目的

合伙人要达到什么目的？赚钱、发展。企业有主营业务和非主营业务，一个是长期，一个是短期；一个是有限，一个是无限，要准确判断。

如果是企业的主营业务，我们要达到什么目的？主营业务是希望采用短期还是长期的？如果是长期，选择有限期还是无限期的？

不同的业务，目的不一样，有的采用项目合伙制，有的采取阿米巴合伙制。每一种合伙模式都有不同的目的，付出的时间、精力，方案的策划都不一样，所以目的要分清楚。

目的不同，选择合伙人也不一样。在一个创新业务平台的初创阶段，或成熟企业的战略转型阶段，企业可能更需要有经营能力和专业能力的合伙人，希望能够参与决策，共同思考企业发展的模式创新、行业资源的整合利用，并愿意共同承担未来的风险。在这种情况下，你可能找外部的高级人才，这是能力为主。而在一家发展至成熟阶段的大型企业，为了营造平等共享的文化，使员工感受到自身利益与公司利益的密切捆绑，合伙激励的范围就可能更广，就要进行内部提拔，对员工知根知底。现在的主营业务一定是经历过一段时间的，而新的业务刚刚起步，内部高级人才就有这个能力把业务做起来。像这种情况，就把内部员工发展为合伙人，主要以有道德和愿意接受挑战为主。

合伙制要达成什么目的，概括而言，主要有三个目的。

一是促使发展机制的转变。股权为企业战略服务，改变企业的融资和管理方式。传统模式注重规模，转型慢，运用互联网思维解决企业发展的瓶颈，逐渐抛开重资产运营，推行阿米巴＋合伙制，让核心人才变为合伙人，提高经营效率，实现短平快发展。

二是实现管理机制的变革。传统企业管理决策从上而下地层层传达，但被动接受指令的下级因理解能力、个人利益和主观动力等原因会导致执行力度层层递减，最终导致经营效率的降低。因此，企业要扭转传统的管理思路，通过阿米巴＋合伙制的经营模式，阿米巴合伙人自主经营、独立核算，向市场要效益，一切面向用户。

三是形成分享机制的转化。改变传统利益分享方式，增加员工的收入，提升员工的满意度和幸福指数。只要你能够给企业带来利益，就会很快升职，最终成为企业的合伙人，变成企业的股东，与其他合伙人一起管理企业，分享企业创造的利润。

胡博士点拨：

当别人问你："为什么要实施合伙制？"你回答："为了稳住人才，做强做大。"这话也没错，但是太虚了，要区分目的。

本章总结

⊙实施合伙制的前提是实施阿米巴模式：分、算、奖。

⊙何事需要合伙？主要有两点：第一，一个必要前提是实施阿米巴模式：分、算、奖。第二，有五处适用范围：要引进高级人才、要拆分现有业务、要变革管理模式、要延伸新的业务、要引进新的项目。

⊙目的不同，选择的合伙人也不一样。选择合伙人的必备条件，即三有三愿。三有即有道德、有能力、有资源，三愿即愿意接受挑战、愿冒风险、愿意出资。

⊙合伙人要达到什么目的？赚钱、发展。企业有主营业务和非主营业务，一个是长期，一个是短期；一个是有限，一个是无限，要准确判断。

第四章

如何实施合伙制之四步流程

如何建立合伙机制和推行合伙机制，一共分为四步流程：确定合伙人员、确定权责分工、确定股份占比、确定协议条款。就像我们讲课一样，掌握了这个规则，就是流程、步骤、方法、工具，就可以很好地落地实施。

第一节　确定合伙人员

这个问题笔者在上一章第二节《与什么人合伙》也谈到了一些，那是站在合伙人个人条件的角度来考虑的，本节则从合伙组织的角度来谈谈，如何将不同特征的合伙人有效地组织起来。再做一下拓展思维，其实“合伙人”未必就一定是指“个体”，也可以是一个组织。

确定合伙人，你跟谁合伙，到底是长期的人才还是短期的人才？只有弄清楚目的才能找不同的合伙对象。

一、需要什么合伙人：三维组织

需要什么合伙人？可通过三维组织确定：横向组合、纵向组合、时空组合。层次要有高有低，如果合伙制里的人才都是一个级别的，就很难形成有效的执行力。

（1）横向组合

横向组合包括上游资源（平台合伙人）、下游终端（生态合伙人）和社会资源（资源合伙人）等。横向组合需要控制数量和质量。

第一，上游资源（平台合伙人）。

企业都有“进”和“销”，上游指的是“进”。原材料、服务来源无非两种：一种是直接向生产商购进，另一种是向贸易商购进。企业需要联结行业内比较知名的上游资源端，以保障公司长期稳定的货物供应。因此，为长期保障上游供应，公司需要出让一部分股份给上游，形成利益共同体，发展成为平台合伙人。

第二，下游终端（生态合伙人）。

“销”指的是下游。企业需要借助渠道商、经销商，而渠道商、经销商又是公司之外的利益体，本身不为公司所占用，以往单纯靠销售分成的利益关系十分薄弱。因此，在企业无法自主掌握销售渠道的前提下，借助下游的力量完成销售，实现轻资产运作。公司可拿出一部分股份，用作对经销商的股权激励，促进经销商与公司互惠互赢，打造比“短期收益”更加有效的利益关系，即将经销商发展成为生态合伙人。

第三，社会资源（资源合伙人）。

资金投资者等外部资源，他们不跟公司的业务发生直接关系，但是能对公司发展提供资金、信息等支持。对于资源方的合伙机制，以短期的经济报酬为主。

此外，还有很多有社会关系的人士，只要能给公司带来价值，都不排除在合伙人的范围之外，包括有客户资源的、公关资源的、管理咨询的与技术指导的，等等。

（2）纵向组合

纵向组合主要包括股东层面的创始合伙人、中高层的事业合伙人、业务板块的运营合伙人、阿米巴单元的一线合伙人等。在纵向组合中，需要设计不同的类型和层级。层次要有高有低，如果合伙制里的人才都是一个级别的，就很难形成有效的执行力。

第一，股东层面的创始合伙人。

在实践中，创始人可以成为股东，也可以成为董事长、成为总裁，还可以成为创始合伙人。

公司创立之初，大家凭着一腔热血做事，收益、利益都搁置不论。公司发展壮大后，大家对股份的事情就越发地在乎起来，创始人股东内部最容易发生股权纠纷。创始人均对公司起到重要的作用，创始人之间的关系要优先理顺，共创共担共享，才能使公司做大做强做久。

第二，中高层的事业合伙人。

中高层的事业合伙人，主要指公司的副总、总监、经理等中高层核心岗位。合伙人机制、股权激励不仅能激励他们全力以赴地工作，还能促进完善公司治理；而给予股份也就意味着给予责任和赋予未来收益。当公司的发展与每个人的利益有关时，所有人都会“付出不亚于任何人的努力”。

第三，业务板块的运营合伙人。

业务板块指事业部、分公司、子公司等，通常适用于多元化的公司或集团化企业。通过发展业务板块的运营合伙人，激励他们在自己的“一亩三分地”中创造更好的业绩。

第四，阿米巴经营单元的一线合伙人。

阿米巴经营单元的组织规模小，但职能全、数量多。如何激发基层业务员工的积极性，就显得尤为重要。通过赋予阿米巴团队充分的责权利，制定好相应的收益机制，从合伙机制上进行优化。

（3）时空组合

不同的区域，这个区域的规定是指员工的来源。比如公司要开展一个新业务，最好是让那几个合伙人相互认识，最好是合伙人自己组合。

如果是公司成熟的业务，可以从公司内部提拔。比如公司提拔你当这个合伙人团队的负责人，但公司并不希望所有的合伙人都由你提出。为什么？因为公司没必要把那么大的现有的成熟业务和风险交给你。

二、如何选择合伙人

怎么来选人？有钱、有道德、有能力、有资源，哪有这么好的事情？我们看表 4 - 1，五个不同的做法，要由不同的人员选择，比如公司要引进高级人才，有营销的高级人才、有技术的高级人才等。每个合伙事业都可以根据自身的特点，给每个空格定出标准配分 1～5 分，然后面谈时给拟合伙人打分，打分结果达到标准配分的比例越高，表示越能接受他成为合伙人。

如果想引进一位高级营销人才作为合伙人，“愿意接受挑战”就是表示我们的合伙事业可能与他之前熟悉的营销领域有较大的不同，我们看好的是他的营销理念、营销创意、营销策划、营销整合等能力，而不是他之前的经验，因此他必须为此面临更大的挑战。比如他之前是线下销售建筑陶瓷的，而我们的合伙生意却是线上销售服装，如果他不愿意接受这样的挑战而成为合伙人，那么就不要用雇佣制请他来当经理人，否则很危险，说明他可能是看中你给的高薪，而自己不愿意接受挑战。因此，这一格的配分是最高的 5 分。

为什么“愿意出资本”也必须是配分 5 分？因为作为营销人才，他未来一定要掌握较大的“用钱”的话语权，否则什么都请示你，而且营销费用谁都没有把握“投出去就有回报”，你到底是批还是不批？如果他也出钱了，做“用钱”的决策就会谨慎很多。

假设上面那位就是张三，你找他谈了很多次，他表示不想放弃自己的建陶行业，但也没有拒绝你的邀请，那么“愿意接受挑战”一栏只给 1～2 分；后来总算同意与你合伙，但是不愿意出钱或只出很少的钱却想得到比较大比例的股份，那么“愿意出资”就给 1～2 分。两项打分占标准配分的 20%～40%，这显然太低了，勉强合伙也走不远。

至于技术、生产方面的高级人才，他们跨行业、跨领域的可能性不大，又何必找他们合伙呢？所以，标准配分为 1 分。

表 4－1　选择合伙人

		三愿			三有															
					有道德			有能力									有资源		
								经营能力			承受能力			专业能力					
		愿意接受挑战	愿冒风险	愿出资本	有理想	有担当	有责任	领导能力	经营能力	管理能力	经营压力	挫折压力	经济压力	研发能力	生产能力	销售能力	社会资源	客户资源	资本资源
引进高级人才	营销人才	5	5	5															
	技术人才	1	1	2															
	管理人才	1	1	1															
	生产人才	1	1	1															
	——																		
拆分现有业务	职能拆分																		
	产品拆分																		
	品牌拆分																		
	区域拆分																		
	——																		

续表

		三愿			三有													
					有道德			有能力									有资源		
								经营能力			承受能力			专业能力					
		愿意接受挑战	愿冒风险	愿出资本	有理想	有担当	有责任	领导能力	经营能力	管理能力	经营压力	挫折压力	经济压力	研发能力	生产能力	销售能力	社会资源	客户资源	资本资源
变革管理模式	治理结构变革																		
	经营模式变革																		
	组织结构变革																		
	作业方式变革																		
	——																		
延伸原有业务	上游资源延伸																		
	下游终端延伸																		
	横向相关延伸																		
	横向多元延伸																		
	——																		

续表

		三愿			三有														
					有道德			有能力									有资源		
								经营能力			承受能力			专业能力					
		愿意接受挑战	愿冒风险	愿出资本	有理想	有担当	有责任	领导能力	经营能力	管理能力	经营压力	挫折压力	经济压力	研发能力	生产能力	销售能力	社会资源	客户资源	资本资源
引进新的业务	投资型业务																		
	研发型业务																		
	加工型业务																		
	顾问型业务																		

胡博士点拨：

中国有句古话叫作："朋友好做，伙计难当。"合伙企业或合伙机制的部门，由于刚开始规模体量都不算大，因此合伙人多数也是身边的人。所以，选择合伙人要注意一点，免得日后增加很多烦恼。比如，本来是十多年的好朋友，有可能为了一点利益而老死不相往来；本是同事或下属，现在同是合伙人，似乎变得对你没有以前那么尊重了。如果有了这些心理准备，你就会关注找什么特征的合伙人了。

第二节　确定权责分工

合伙人的责任，不是说一般管理者的责任。合伙人一般都承担什么责任？负责研发的责任、负责销售的责任、负责制造的责任、负责设计的责任，这都是管理行为，而不是经营行为。合伙人首先要承担的是经营的责任，其次才是承担管理的责任。

经营的责任跟管理的责任有什么区别？

我们必须承认财务报表是企业一切经营活动的最终反应，这是一个基本的前提。

经营的结果可能不需要太多的文字来表示，更多的是数据，甚至是金额。我想问各位，在财务三大报表里面，有哪些数据是与货币无关的？这个问题可能很少有人提出来，所以连财务人员也是一愣；再一回想，好像还真没有与货币无关的数据。所有者权益、固定资产、流动资金、应收账款、应付账款、长期待摊费用……哪一个不是以“金额”作为单位的数据？这就是经营活动的最终反应。

所以，经营者的责任可以简单理解为对“财务数据”负责。

你可能会说“企业战略”呢？它与“金额”有关吗？难道这不是经营者的责任？当然是，但战略正确与否、有效与否最终还是要通过“金额”来检验，只是周期长一点而已。

你见过三大财务报表中有产品质量合格率、员工流失率、生产及时交付率、工程进度及时率、客户满意度之类的数据吗？没有！这些都是经营活动中的过程数据，而不是最终数据。过程数据与最终数据是一个

“或然”而非“必然”的关系，甚至连“必要条件”都谈不上，只能说是影响最终数据的因素之一。比如产品质量合格率高了，就能保证企业利润一定会高吗？只能说：“在其他所有影响利润的因素都不变的前提下，产品质量合格率高了，企业利润就会高。”但这个前提是没有任何意义的，因为“所有因素”是无法全部罗列的。

所以，管理者的责任可以简单理解为是对经营活动的“过程数据”负责。

有人会问，假如我既不对任何“最终金额”负责，也不对任何“过程数据”负责，那么怎么理解我的责任？笔者只能说：“在这个企业的经营活动中，你是多余的人！”

一、主要责任

让我们先来看看著名的《杜邦财务分析法》，如图 4－1 所示。

我们把几个关键数据分类归纳一下，如表 4－2 所示。

我们可以把合伙人的一级责任分为四类，分别为对资产收益负责、对经营利润负责、对成本降低负责、对费用节约负责。这与我在《人人成为经营者——中国式阿米巴实施指南》一书中，把阿米巴分为四种核算形态是相吻合的。

你说有一级责任，那么对应的还有二级责任？当然，比如对经营利润负责的合伙人，假设他是营销副总，那么他下面的销售经理可能只需要对营业收入负责即可。产品对外的定价是营销副总决定的，反正我多卖，有没有利润是营销副总的事。

下面我们分别介绍一下不同的合伙人承担的不同的经营责任。

（1）对资产收益负责

简单说来，我们一共投资1000 万元，每年能不能有8% ～10% 的回报？这得有个合伙人来负责，否则谁敢投资？

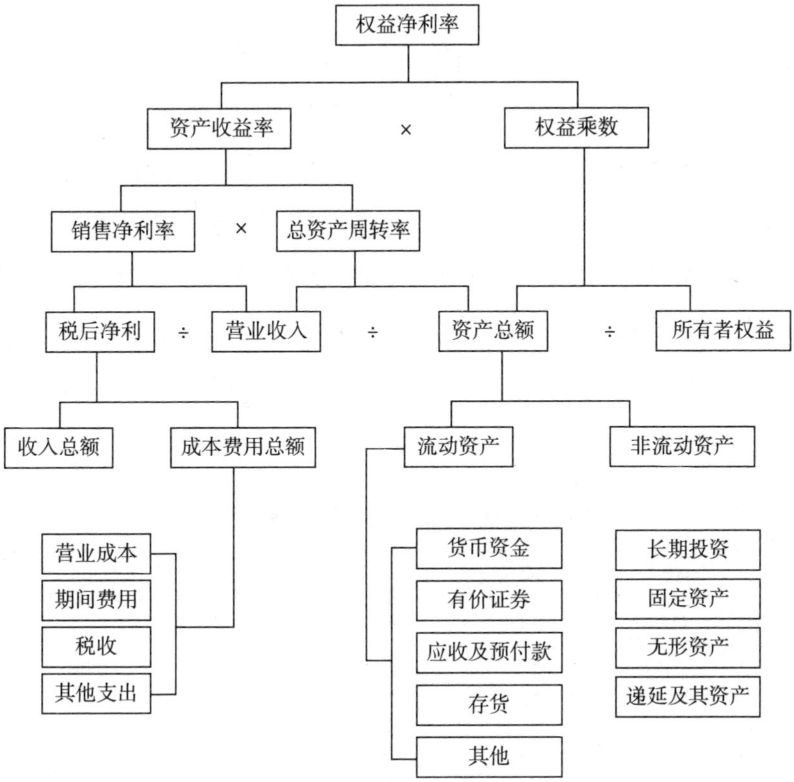

图 4－1　杜邦财务分析法

表 4－2　杜邦分析法中的关键数据分类归纳

类别	杜邦分析法中的数据	阿米巴的核算形态
资产类	权益净利率、资产收益率、有价证券、长期投资	资本巴
利润类	销售净利率、税后净利、营业收入、收入总额	利润巴
成本类	营业成本、固定资产、存货	成本巴
费用类	期间费用、税金、其他支出	费用巴

通常，对这个指标负责的往往都是合伙事业的最高决策人，比如董事长或总经理。

责任越大，权力也就越大；权力越大，经营活动选择的空间也就越大。

从杜邦财务分析法图表可以看出：

资产收益率 = 销售净利率 × 总资产周转率

假如公司有 A、B 两款产品，根据市场的一般售价，A 款的净利率有 12%，B 款的净利率只有 10%。由于我们的资金有限，不可能两款同时生产，你会选择哪款呢？很多人会说："当然是生产 A 款。"笔者再告诉你，A 款的回款天数是 60 天，B 款的回款天数是 30 天，那么这个时间你会选择哪款呢？我们简单算一下就知道了。为了方便理解，假设投资的 1000 万元全部用作流动资金来发货给客户，资产收益率比较如表 4－3 所示。

表 4－3　A、B 两款产品资产收益率比较

	周转天数	年周转次数	最大销售收入	净利率	净利润	收益率
A 款产品	60 天	6 次	6000 万元	12%	720 万元	72%
B 款产品	30 天	12 次	12000 万元	10%	1200 万元	120%

这个时候，你肯定会选择 B 款吧？

可是现实世界并不是数字游戏这么简单，有可能 B 款的销售难度、竞争难度较 A 款更大，不一定能达到 12000 万元，那么到底是选择 A 款还是 B 款呢？这个时候就需要有人决策，有人承担这个责任。

顺带说一下，承担责任并不是说如果决策失误，就要由这个决策的合伙人个人来保证满足其他合伙人年收益率 10%，除非事前有对赌协议。但是，一件事如果不能明确是由哪一个人负责，那么这件事情多半不容易成功。记住这个公式：

$$责任 \div 2 \approx 0$$

（2）对经营利润负责

假如你是负责销售的合伙人，你就应该对销售利润负责，而不是对销售收入负责。因为很明显，销售收入多，不一定销售利润多。

对销售利润负责，是经营者；对销售收入负责，是管理者。

（3）对成本降低负责

先说明一下成本降低与费用节约这两个概念的不同，即为什么要分成两种不同的责任，或是独立核算的阿米巴。

成本的构成主要包括料、工、费，成本的降低应该建立在“不会影响产品或服务质量”的前提下。比如一台复合健身器材，原来一共用到 13 种螺钉、螺栓，现在进行材料合理化，变成 9 种，这对材料采购、生产过程用到的工装夹具、工艺工时等都会起到降低成本的作用，但对这款健身器材会不会有质量影响？当然不会！

成本降低是一个有底线、无限度的数据。底线就是零，成本不可能突破这个底线，但是到底能降到什么程度呢？从设计、材料、工艺、设备、人员、管理、环境等因素看，没有人能知道，只有更低，没有最低！

对降低成本负责的往往是担任研发、生产、采购的合伙人。

很多人认为，由研发部来对产品的总成本负责有点不合理。我认为恰恰相反，必须由他们来负责。所以，我喜欢用“成本降低”而不是“成本控制”来确定合伙人的责任。

（4）对费用节约负责

所谓费用，从财务专业的角度来说，主要包括管理费用、销售费用、财务费用三大块。

节约费用与降低成本不同，要根据不同的费用科目才能确定是不是要“节约”，因为有的费用一节约，就“极有可能影响到产品或服务的质量”，主要包括“三大开发费用”，即人才开发、产品开发、市场开发。

比如人才开发费用中的培训费用，如果我们主导的责任是“节约”，那么今年 100 万元的培训费用可以一分都不花。然而不行，至少得完成 200 人 X 天的培训课时，平均每人 X 天课时费用是 5000 元。也很简单，我找张三讲课需要 2000 元/天，找李四讲课需要 8000 元/天，那就找张三。可是从概率上很可能存在培训质量、培训效果的差异，否则李四定价这么高就不会有人请他讲课。没有人请他讲课，他也会把价格降下来。

研发费用也一样，为了节约费用，少做一轮检测，不做产品老化实验，行不行？当然不行。所以这个部分的费用不应该列入“节约”的范围。

市场开发费用更复杂，请新客户吃饭，你能保证可以成交吗？广告费用 50% 是浪费的，那么能不能砍掉这浪费的 50% 呢？或者干脆不做广告宣传，这样不是更加节约？当然不行。它会影响销量与发展。

除了“三大开发费用”外，有的是可以导向节约的，笔者就不多列举了。

所以，对费用节约负责的多是一些费用部门，即不能直接创造效益的部门，比如人事、行政、财务、审计、质保、仓管等。

你也许会笑，因为你压根就没准备找这些部门的负责人做合伙人。笔者基本同意你的观点，也说明你的合伙事业的规模至少目前还小，大了就不一定是你想的这样。

如果你作为大股东、大老板，希望合伙人对哪个负责任？是对控制成本费用负责好，或是对销售收入负责好，或是对销售利润负责好，抑或是对整个资产回报负责好？合伙人，特别是对经营负责的合伙人，其压力比一般的经理人更大。阿米巴经营模式和合伙制的关系，就像钢筋跟水泥的关系，非常吻合。

二、量化分权

量化分权，一般来说有四大类：人事权、财务权、业务权、信息权。

如何来设计量化分权？

我们可以采用“置顶思维”往下推演，也就是某一类权限的最大授权是什么？能不能把这个权限赋予相关合伙人？如果不能，那么就退而求其次；还不行，就求再次。

根据笔者的经验，这四类权限从大到小如表 4－4 所示，大家可以参考使用。这方面的资讯大家可以通过多种渠道获得，笔者就不重点讲述了。通过合伙人四类权限表的练习，可以掌握各级合伙人的权限。

表 4－4　合伙人四类权限表

		一级合伙人	二级合伙人	三级合伙人	——
		一级主管	二级主管	三级主管	——
人事权	录用权				
	解雇权				
	晋升权				
	调岗权				
	调薪权				
财务权	固定资产				
	生产资料				
	办公费用				
	销售费用				
	对外捐赠				
业务权	销售政策				
	研发确认				
	质量标准				
	生产工艺				
	对外关系				

续表

		一级合伙人	二级合伙人	三级合伙人	——
		一级主管	二级主管	三级主管	——
信息权	资产回报				
	税后利润				
	税前利润				
	营业收入				
	成本费用				

胡博士点拨：

中国很多合伙事业不久就散伙的第一大原因就是各位合伙人的责任与权力不清，而不是分钱不均。因为分钱的规则多数都能讲得比较清楚，而责任、权力却不容易讲清楚。它太细了，可能分布在工作的每一天、每件事上。

第三节　确定股份占比

难点和重点是第三步，确定股份占比：二类入伙价值、三种合伙状态、四维个人估值方法、五种企业估值企业。

一、二类入伙价值

笔者前面说过“出钱多的不一定股份多”，因为合伙人用于入伙的价值有两种：出钱、出力。这里又可以细分成多种情形，不同的情形会影响对合伙人用于入伙的价值评估。如图4－2所示。

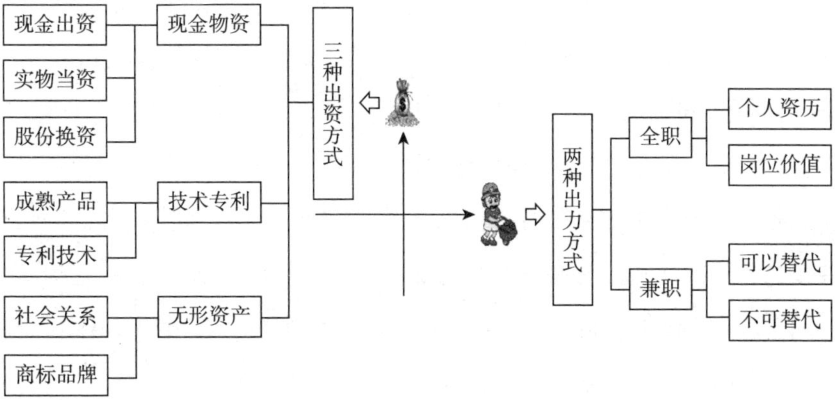

图4－2　合伙人入伙价值评估

先举个简单的例子加以说明，这样你就很容易明白。比如甲、乙、丙三人合伙创业，每人出资现金33万元，从资金占比来说，各占1/3

的股份。其中，甲不到合伙企业担任日常职务，乙当总经理，丙当研发技术副总。这三人的股份能一样吗？肯定不能！或许你会说，工资归工资、股份归股份，乙、丙可以拿工资，而甲不拿。从理论上是成立的，除非投资金额巨大，乙、丙两人的工资占投资金额的比例非常小。因为在现实中，初创公司投资有限，一般都会采取让乙、丙多占一定股份的方式。

从图4－2中，我们不难看出，出力也有两种方式：一种是全职，另一种是兼职。全职是做一般的合伙人，或是做掌舵的合伙人。兼职也是，可以替代和不可替代。

出资的方式也有三种，现金物资、技术专利、无形资产。

第一种，现金物资，包括现金出资、物资当资、股份换资。

第二种，技术专利。如果你没钱，但是有研发产品，有专利技术，可以作为合伙出资的方式。如果你有成熟的产品，不出钱，可以给你10%的股份；如果你只是一个专利技术，只能给你2%的股份。实际操作的过程中，股份占比也是可以商量的。

第三种，无形资产。你有好的商标品牌，或者你的社会关系广泛，能够对公司融资或业务有所帮助，也可以作为出资的方式。当然，这种方式是不好评估的。

二类入伙价值，要注意如下几点。

第一，出资合伙人与出力合伙人事先达成共识。要以书面的形式，将共识写下来签字。主要是经营权和股权（财）的关系要约定好，出资合伙人只在股东层面行使自己的权力，比如投资决定权、融资决定权、分红决定权、撤资决定权，而不插手经营事务。

第二，出资合伙人是否共享资源。出资合伙人如果拥有与公司相关联的资源（如客户资源），是否可以提供给合伙企业，最好事先明确下来。

第三，出力合伙人最好拥有绝对控股权。只出资不出力、只出力不出资，前者的目标是投资回报，后者的目标是能力回报。因此，在合伙之初，出力合伙人最好拥有绝对控股权，以保证公司的发展不被资本绑架，也能激发出力合伙人付出不亚于任何人的努力。

二、三种合伙时态

三种合伙时态包括合伙成立新企业、合伙投资老企业、合伙经营老企业，如图 4－3 所示。第一个是主导经营，第二个是无须经营，第三个是管一部分。参与的程度不一样，结果就不一样。

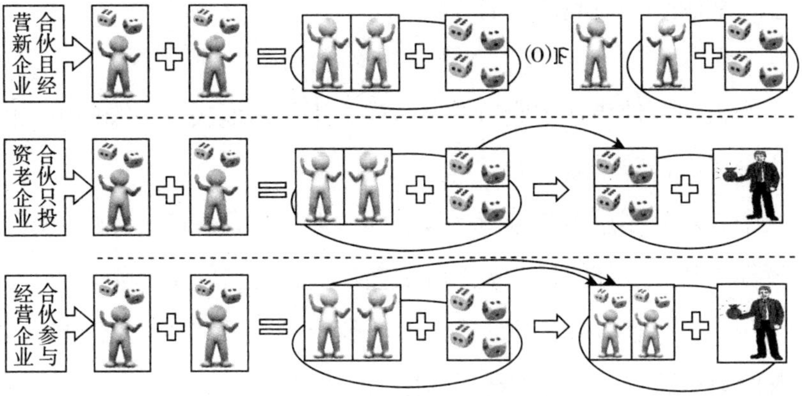

图 4－3　三种合伙时态

第一种，合伙时态是合伙成立新企业，要求主导经营。企业要评估你的股份占多少，首先要看有价值的东西。假如你是一个司机，开了 20 年的汽车，但这对企业的发展有什么价值吗？这个企业是合伙企业，只是用来做投资，你要技术干什么？你要商标干什么？你要那么好的经营管理者干什么？公司要准备上市了，计划做股权激励，要让 20 个高级员工、管理者持有公司股份。但你不可能一下子增加 20 个股东，上市审核的时候会增加很多麻烦。可以让这 20 个人注册一个合伙企业，让这个合伙企业持有母公司的股份。当主体公司上市以后，你就持有了上市公司的股票。

第二种，合伙时态是合伙投资老企业，无须参与经营。高管成立合伙企业，给老企业投资，这家合伙企业是不需要经营的。合伙企业里的人才，至少得有两个人到老企业里工作，老企业本身有总经理、副总经理，这个合伙企业买了你 10% 的股份，还要有两个人过去干活，这是参与。

第三种，合伙时态是合伙经营老企业，参与经营，甚至主导经营。合伙人需要像创业者一样全身心投入，投资入股，参与管理，分享企业成长带来的价值。

三、四维个人价值方法

一个人在合伙事业中股份占比多少，不只是取决于出钱多少，因为出力也是可以折算成股份的。

一个人对公司是否有价值，放在什么地方才有价值。你的价值、你的钱、你的利益、你的社会关系到底要不要，要看你用在哪个地方。

出钱、出力分别有多种形式，出钱多少一目了然，可是出力怎么折算成股份呢？到底是出钱重要还是出力重要？这不能简单回答，要看合伙事业的具体情况。我把合伙事业分为四种情况，如表 4 –5 所示。

表 4 –5　合伙事业的四种情况

	出钱	出力	合伙企业	对外投资
情形一	所有合伙人	所有合伙人	经营主体	不是对外投资
情形二	所有合伙人	部分合伙人	经营主体	不是对外投资
情形三	所有合伙人	都不出力	投资主体	只对外投资但不参与经营
情形四	所有合伙人	部分合伙人	投资主体	投资且参与但不主导经营

合伙企业又可以根据经营范围分为轻资产企业、重资产企业。

所谓轻资产企业，简单说就是企业的经营与发展主要是依靠人的智力、社会关系等，不需要投资多少固定资产，扩大再生产也不取决于现金流与固定资产，当年的利润很大比例都可以用来分红，就是“钱没有那么重要，人才才是最重要的”。

所谓重资产企业，特征与轻资产企业相对，恕不赘述。

现在我们可以根据表 4 – 6 来尝试评估一下除现金出资外的价值如何折算成合伙企业的股份。仅举一个例子来说明如何操作，大家可以举一反三。

表 4 – 6　确定各人的股份占比

姓名	岗位	出资折算股份 20%		出力折算股份 80%				合计个人股份
				岗位价值折算股份		资历折算股份		
		金额	股份	岗位价值 90%	股份	资历 10%	股份	
张三	总经理	20 万元	4%	100 分	25.71%	80 分	1.88%	31.59%
李四	营销副总	30 万元	6%	80 分	20.57%	70 分	1.65%	28.22%
王五	设计总监	25 万元	5%	60 分	15.43%	100 分	2.35%	22.78%
赵六	加工总监	25 万元	5%	40 分	10.29%	90 分	2.12%	17.41%
合计		100 万元	20%	280 分	72%	340 分	8%	100%

我们假设有张三、李四、王五、赵六四人合伙投资成立一家动漫设计公司，毫无疑问，这是一家轻资产公司（对照表中最左列）。

第一步：给各个维度、子维度进行权重。

要想认真做好这一步，其实也不简单，方法有很多，大致分为三类：主观权重法、客观权重法、组合集成权重法，每一类方法又可以细分成很多种，笔者就不一一介绍了。在实际工作和生活中，中国企业喜欢用“主观权重法”，其中德尔菲法比较出名。这种方法主要是通过有经验的专家结合现状来加以权重，并不断在实践中得到修正。

①先给“出钱”和“出力”这两个因素权重或配分。

既然是轻资产企业，张三、李四、王五、赵六又能轻松拿出这点资金，那么“出钱”就占20%，“出力”占80%。

②因为所有合伙人都是全职，而且以前都是做技术出身的，那么岗位价值就占90%、个人资历就占10%。岗位采用国际通用的《岗位价值评估体系》来打分，个人资历主要看在本行业的经验、技术职称等。

第二步：确定各个人的股份占比。

根据以上数据，可以折算出各个人的股份占比。

出资折算股份计算方法：

个人出资金额÷总金额100万元×出资占总股份20%

岗位价值折算股份计算方法：

个人岗位价值分数÷岗位价值总分数280分×
岗位价值占总股份90%×出力占总股份80%

资历折算股份计算方法：

个人资历分数÷资历总分数340分×资历占总股份10%×
出力占总股份80%

四、五种企业估值方法

企业估值方法分上市公司和非上市公司，共有五种企业估值方法：市盈率PE法、市净率PB法、市场法、收益法和资产法。

为什么要对企业进行价值评估？如果是由合伙人全新成立的合伙企业，没有必要进行价值评估。但如果是10个人成立一家合伙企业，投资到W公司，合伙企业有1000万元的资本，不经营，只做投资。W公司说给10个人10%的股份，为什么给10%？这就需要先对W公司进行估值。企业如何估值，方法较多，参考表4-8就可以理解了。

表 4－7　四维个人价值评估法

					合伙＋全程经营		合伙＋投资＋不经营		合伙＋投资＋主导经营		合伙＋投资＋参与经营	
					轻资产企业	重资产企业	一次投融资	多次投融资	轻资产企业	重资产企业	轻资产企业	重资产企业
出力	全职	岗位价值										
		个人资历										
	兼职	不可替代	平时支持	沿革指导								
				间或顾问								
			危机公关	致命损失								
				重大损失								
				一般损失								
				轻微损失								
		可以替代	内部人情									
			外部人情									
出资	现金物资	现金出资										
		物资当资										
		股份换资										

续表

				合伙＋全程经营		合伙＋投资＋不经营		合伙＋投资＋主导经营		合伙＋投资＋参与经营	
				轻资产企业	重资产企业	一次投融资	多次投融资	轻资产企业	重资产企业	轻资产企业	重资产企业
出资	技术专利	成熟产品									
		专利技术									
	无形资产	商标品牌									
		社会关系	商业关系								
			政策关系								

表 4-8　五种常用企业估值法

方法名称	计算公式	参考数据	适用对象
市盈率法	市盈率 = 每股价格/每股收益 每股价格 = 每股收益 × 市盈率	市盈率可参考同业上市公司数据	轻资产企业
市净率法	市净率 = 每股价格/每股净资产 每股价格 = 每股净资产 × 市净率	市净率可参考同业上市公司数据	重资产企业
市场法	公司价值 = 市盈率 × 未来 12 个月的利润或未来 3 年平均利润	如果同业上市公司市盈率为 30 ~ 40 倍	适用于成熟且有利润的企业
		同业同等规模的非上市企业为 15 ~ 20 倍	
		同业规模较小或初创企业7 ~ 10 倍	
	公司价值 = 市销率 × 未来 12 个月的收入或未来 3 年平均收入	标准普尔平均市销率确定为 1.7	适用于初创或无利润的企业
		软件公司为 10 左右	
		零售行业为 0.5 左右	
		上市公司平均 2.13	
收益法	收益率 = 每股收益/每股价格 每股价格 = 每股收益/收益率	初创期收益率 50% ~ 100%	适用较广
		企业早期收益率 40% ~ 60%	
		企业晚期收益率 30% ~ 50%	
		更成熟的企业 10% ~ 25%	
		互联网 5 年增长 10 倍，平均 200%	
资产法	公司价值 = 公司净资产 × 折算倍数 净资产收益率 = 税后利润/所有者权益	清算阶段资产打折 10% ~ 100%	适用于重资产企业，估值最低
		0 元收购但承担债务	
		重置阶段净资产 80% ~ 100% 无形资产重估	

第一，市盈率法。

上市公司一般都会应用这种方法估值，适用于轻资产企业。计算公式是：

市盈率 = 每股价格/每股收益

市盈率一般是指企业的利润状况，然后再翻多少倍。公司去年的利润有 1000 万元，如果把公司卖出去，大概能卖到七倍，那么公司的市盈率就是七倍。这个估值一般是参考同行上市公司数据。根据这个公式，我们可以换算成以下公式：

每股价格 = 每股收益 × 市盈率

对于买股票的人来讲，我们希望市盈率越低越好，希望你按原价卖给我。而卖股票的人则希望市盈率越高越好。不管你用什么评估方法，最后都会回到非线性函数的混沌数学，没有人算得清楚，只是说做一个大概的价值评估。

第二，市净率法。

上市公司多用此法，适用于重资产企业。计算公式是：

市净率 = 每股价值/每股净资产

一般来说，市净率较低的股票，投资价值较高；相反，则投资价值较低。但在判断投资价值时，还要考虑当时的市场环境，以及公司经营情况、盈利能力等因素。

通过市净率法估值时，首先，应根据审核后的净资产计算出每股净资产；其次，根据行业情况（参考同业上市公司的市净率）、经营状况及其净资产收益等拟订估值市净率；最后，依据估值市净率与每股净资产的乘积决定估值。

第三，市场法。

非上市公司一般都会应用这种方法估值。市场法有两个计算公式，第一个计算公式：

公司价值 = 市盈率 × 未来 12 个月的利润或未来 3 年平均利润

这种方法适用于成熟或有利润的企业。如果同业上市公司市盈率为 6 ~ 8 倍，则同等规模的非上市公司的市盈率为上市公司市盈率的 50%，同业规模较小或初创企业的市盈率为 7% ~10% 。

第二个计算公式：

公司价值 = 市销率 × 未来 12 个月的收入或未来 3 年平均收入

这种方法适用于初创或无利润的企业，尤其是看好未来增长较快的企业，比如互联网企业。

第四，收益法。

收益法是指投资的回报率，非上市公司多采用此法。计算公式为：

收益率 = 每股收益/每股价格

常见收益率即资本成本范围：初创期收益率是 50% ~100% 的回报，等稳定了，你的回报就低了。为什么？因为在企业初创期，风险比较大，风险大了，理论上收益就应更大。企业早期收益率在 40% ~60% ，企业晚期收益率在 30% ~50% ，更成熟的企业在 10% ~25% ，互联网 5 年增长 10 倍，平均 200% 。

企业越成熟，收益率越低。这个企业各项业务发展已经很成熟，如果有融资的需求，一般都倾向于向银行贷款。或者说公司没有别的资产进来，才可能要个人的钱。成熟企业的客户、产品、技术、渠道、管理都很稳健，一个稳健的企业要卖，市盈率就会趋高。

第五，资产法。

非上市公司多采用此法，适用于重资产企业，估计最低，当你用资产来谈判的时候，很吃亏。计算公式是：

公司价值 = 公司净资产 × 折算倍数

应用资产法，主要发生在企业清算阶段和重置阶段。

胡博士点拨：

为什么要对企业进行价值评估？如果是由合伙人全新成立

的合伙企业，没有必要进行价值评估，但如果是10个人成立一家合伙企业，投资到W公司。合伙企业有1000万元的资本，不经营，只做投资。W公司说给10个人10%的股份，为什么给10%？这就需要先对W公司进行估值。

第四节　确定协议条款

确定合伙人员、权责分工、股份占比之后，实施合伙制的第四步流程就是确定协议条款。

合伙是一种古老的企业组织形式，公元前 18 世纪的古巴比伦《汉谟拉比法典》就规定了合伙原则。在古罗马共和国，合伙高度发达，法律对合伙的性质及合伙人的权利、义务都有了相当明确的规定。欧洲中世纪的地中海沿岸诸城市，由于海上贸易有很大的风险，一些商人不愿承担风险带来的无限责任，而一些从事航海的人愿意冒险又缺乏资本，两者一拍即合，产生了一种新型合伙形式——康孟达契约，这是劳资合伙经营的一种商事契约。康孟达契约孕育了有限合伙制度。

在现代，确定协议条款具有确定合伙内部关系的重要作用。它除需遵循合同行为的一般规则外，还受到法律对合伙关系的特殊限制。合伙制的合伙协议和有限责任公司的章程有一定的区别，公司章程是由法律规定的，不能脱离法律制约。而合伙制的协议，很多内容是靠协商的，比如出资数额、盈余分配、债务承担、入伙、退伙、合伙终止等事项，协商好之后，才能订立书面协议。

确定协议条款，包括商定协议和签订协议两个步骤。

一、商定协议

商定合伙协议有三条原则：请顾问或律师拟订、老板明确底线、允许合伙人员提问。

第一，请顾问或律师拟订。顾问或律师拟订的合伙协议内容更加完善，更能凸显保护双方的权利、义务，预防发生争议后，没有约定或者约定不明、无法处理等情况。

第二，老板明确底线。在实施合伙制的过程中，员工有员工的底线，老板有老板的底线。对于企业老板来说，他已经取得的事业、正在追求的目标是他生命中极为重要的事情，对这一切的尊重就标志着你对老板心理底线的尊重。当然，老板必须明确底线，不能模棱两可，留下后患。作为员工，也需要尊重老板的事业并与之合作。这样的合伙制，才能更加长久。

第三，允许合伙人员提问。合伙制的成功实施，并非一厢情愿的事情。允许合伙人员提问，通过明确的答复，可以消除合伙人员的困惑和疑虑，也使合伙协议文本符合双方的意愿和期望。

二、签订协议

商定合伙协议完成之后，就要签订合伙协议，举办签订仪式，体现双方对合作的尊重和重视。合伙协议签订仪式是实施合伙制流程中最重要的环节，签约仪式相对一场活动而言，相对正式，时间短，但是前期需要大量的筹备工作，这就需要活动现场所有工作人员的共同努力。

签订协议仪式包括个人签订仪式和集体签订仪式。具体选择哪种形式，视合伙人数和需求而做出决定。

胡博士点拨：

合伙制作为一种管理机制，适用的范围非常广。在实际应用中，不一定刚开始就要去注册合伙企业，而是通过大家商定形成协议的方式来操作，等有必要或条件成熟后再去注册也是可以的。

本章总结

⊙需要什么合伙人？可通过三维组织确定：横向组合、纵向组合、时空组合。层次要有高有低，如果合伙制里的人才都是一个级别的，就很难形成有效的执行力。

⊙选择合伙人："五四运动"表格进行选择。

⊙合伙人首先承担的是经营责任。

⊙确定股份占比，主要方法是：二类入伙价值、三种合伙状态、四维个人估值方法、五种企业估值企业。

⊙确定协议条款。合伙制的协议，很多内容是靠协商的，比如出资数额、盈余分配、债务承担、入伙、退伙、合伙终止等事项，协商好之后，才能订立书面协议。

第五章

合伙制的五大机制

合伙是否持久，除了外在竞争的因素对合伙企业造成的影响，最重要的就是内部的合伙机制的设计是否全面、是否科学。合伙人之间除了签署必要的法律、法规文件，各种机制的完善与签署才是真正决定合伙是否顺利、是否持久的关键因素。

关键的五大机制包括：责重与权大机制、目标与考核机制、审计与监察机制、分配与激励机制、退出与结算机制等。

第一节　责重与权大机制

很多企业都面临这样的矛盾。

老板：不是不想放权，实在是不敢放权，也不知道如何有效放权——企业越大，老板越累！

高管：很想有所作为，却总在混沌中无奈，职责不清、职权有限——巧妇难为无米之炊！

实施合伙制的过程中，如何立足企业经营策略，清晰界定企业合伙人的责、权、利，并进行科学有效的管控？如何通过良好的机制来激励合伙人？这是企业越来越关注的问题。

责重与权大机制，其本质在于实现权力运行过程中的刚性制约，权力的使用结果必须对应相关的责任。这就必须首先明确权力的边界，以及责重的清晰划分。

一、责重四问

在这里，笔者要特别强调一个观念，平时我们经常会听到这样的说法："张三对质量负责，李四对研发负责，王五对销售负责，赵六对安全负责……"其实真正当事情朝着不利的方向发展或者没有达到预期目标时，往往又找不到真正负责任的人。为什么？因为这种对责任的界定太虚了。

笔者认为，真正的合伙人的责任就是必须对具体经营数据负责。

根据我们前面谈到的杜邦财务分析法，每个合伙人的肩上必须承担他所在的岗位的经营责任。比如：

◆担任总经理的合伙人对投资回报负责；

◆负责研发的合伙人对研发费用与产品毛利负责；

◆负责制造的合伙人对产品成本负责；

◆负责财务、行政的合伙人对管理费用负责；

◆负责销售的合伙人对销售利润负责；

而且这些“负责”每年都必须量化，没有达到目标的，轻则减少年薪、行政降级；重则减少股份，直至退出合伙人。

记住：每位合伙人的责任必须写入合伙协议之中或作为合伙协议附件。

由于这部分内容笔者在第六章第二节中有较详细的介绍，这里就不重复了。

在阿米巴经营模式中，有对整个资本资产负责的，有对利润负责的，有对成本费用负责的。阿米巴通过不断地把责任、权利、利益下移，来减少老板在日常事务里的时间，让老板做更多的事、更高层次的工作、更有价值的工作。

实施合伙制，要建立权责对等的机制。在一些民营企业，老板集所有权与经营权于一身，在引进高级人才的时候，过分追逐利益或者关注短期目标，一旦无法达成营业收入、利润或市值等目标，就怀疑高管的能力，导致双方立场对立，也是职责模糊的问题。如何界定高管的责重？这就要从长期战略、短期利润相结合来制定高管的业绩目标，避免高管的短期行为。只有权责对等，合伙人才能更好地创造价值。

二、权大三问

合伙企业中的事，到底谁最终说了算？你可能会想，这还用问，大股东说了算。

这是一个误区，很容易误导我们把权力与个人关联起来。到底是谁说了算，必须有明确的规则。人事权、业务权、信息权、财务权，都必须有明确的规定，要清晰赋予高管为达成目标所需要的权限。如果规则不合理、有问题，可以修改，这种合伙制就比较长久。如果合伙企业里面的职责和权限不明，这种合伙制很容易崩溃。

比如担任研发副总的合伙人，既然要对产品毛利负责，那么他对用哪种材料、哪家供应商的材料、什么价位的材料是否具有最终的决策权？

如果有，那么他可能会选择比较便宜的材料，一旦出现产品质量不良导致客户退货甚至报废这些商品，该怎么办？

如果没有，而是由采购经理或总经理决定用哪家的、什么价位的材料，那么他怎么对产品毛利负责？

这方面的内容在前面也介绍了，而且可参考的资料也比较多，就不再赘述了。

记住：每位合伙人的权限必须写入合伙协议之中或作为合伙协议附件。

胡博士点拨：

真正的合伙人的责任就是必须对具体经营数据负责。

这些“负责”每年都必须量化，没有达到目标的，轻则减少年薪、行政降级；重则减少股份，直至退出合伙人。

记住：每位合伙人的责任和权限必须写入合伙协议之中或作为合伙协议附件。

第二节　目标与考核机制

目标与考核机制，即按一定的指标或评价标准来衡量高层管理人员完成既定目标和执行工作标准的情况，根据衡量结果给予相应的奖励。科学、客观、公正地评价公司年度经营业绩，建立有效的目标与考核机制，达到提升管理水平和运营效率的目的。

一、目标

目标管理的最大优点是它使得合伙人能控制自己的成就。自我控制意味着更强的激励，意味着更高的成就目标和更广阔的眼界。目标管理的主要贡献之一就是它使得我们能用自我控制的管理来代替由别人统治的管理。合伙人自我控制、自我决策，付出不亚于任何人的努力，就有可能达成目标。

在企业中，如果一个业务领域没有经营目标，这个领域的工作必然被忽视；企业老板应该通过目标对合伙人进行管理。与目标管理紧密相关的是绩效考核，在某种程度上，绩效考核完全可以视为目标管理的一部分。如果只有经营目标而没有每个阶段的绩效考核，那么这个经营目标可能永远不会有实现的一天。要真正实施目标管理，就必须以绩效考核为后盾。

二、考核

作为公司的合伙人，应当集体对公司经营业绩负责，要求每个合伙人充分发挥团队合作精神，决策和行为以公司的整体利益为出发点。

对于高层管理人员、合伙人，适合采用目标责任制考核，其收入水平与公司经营成果挂钩。

高层管理人员的考核以年为周期，各项指标完成情况由公司负责经营管理的部门进行了解与监控，并组织生产经营研讨会，定期向公司董事会上交考核指标完成情况的分析报告。但如果是项目合伙制，由于推行一个新项目所需的时间较长，对项目合伙人的考核周期不宜以具体时间为限，可以按完成一个项目的周期安排。

对于目标的考核，主要参考如下步骤：

第一，确定总体目标和执行各层的具体目标。目标必须明确、具体，可以计量。每一层次的每一个合伙人，都要在组织总体目标的背景下，形成各自具体的目标。

第二，制订计划和业绩评价标准。目标确定以后，就要制订达到目标的具体计划，同时制订执行计划中的业绩评价标准。

第三，业绩评价在目标管理的过程中，对照设定的目标和业绩评价标准，对合伙人实现目标的情况做出具体的评价。

第四，检查调整。通过业绩评价，合伙人找出了自己实际工作业绩与预定目标之间的距离，必须分析这些差距的原因，并且通过调整自己的工作方法等手段，致力于缩小乃至消除上述差距，努力达到自己的目标。

胡博士点拨：

只要是超过了考核指标要求的，就可以拿到目标超额奖。但费用“巴”由于没有具体的经济财务指标，所以不适合把降低费用当作奖金的基数，否则，一省钱就有可能导致服务质量下降。因此，对他们的考核只是过程性指标，即过程是否正确，而不是看是否省钱。

第三节　审计与监察机制

审计是对结果对财务进行审查，是对结果的判定。监察是对过程对行政进行监督，是对行为过程的监督。

企业实施阿米巴＋合伙制，建立审计与监察机制，以对集团各全资公司、控股公司、参股公司、各级阿米巴组织等组织机构、人员及其经营管理行为与效果进行客观的监督和评价。企业按照企业发展规划，逐步建立多层次、多功能的审计监察体系，从而进一步促进经营效率的提高，保障企业经营目标的实现。

审计与监察机制，其实施步骤是：建立企业内部审计监察制度、确定监审机构和监审人员、明确监审部门的职责和职权、制定内部监审程序、内部监审质量管理、内部监审责任和奖罚等。

一、审计

审计即对结果、财务的审查。内部监审工作包括如下范围和内容。

财务审计：对集团公司及所属各部门、子公司和阿米巴单元的财务计划、财务预测执行情况和财务决算、资金和财产管理情况等进行审计、监督。

内控审计：对公司内部管理控制系统对集团、全资子公司的内部控制制度的健全、有效及执行情况进行监督检查，提出改进建议。

经营管理审计：检查监督子公司、阿米巴经营单元经营业绩的真实性和年度经营目标的完成情况，为集团对子公司、阿米巴单元年度绩效考核、奖罚提供依据。

投资项目评估审计：参与投资项目的评估论证，检查投资项目成本和效果。

人力资源审计：对公司人力资源管理的政策、制度、执行程序、操作流程等方面进行稽核，评估人力资源的有效性并确保依法行事。

二、监察

监察即对过程对行政进行监督。公司监督审计部科员对集团公司及各部门、子公司和阿米巴单元的财务活动和经营管理活动进行监察。

根据监察审计工作的需要，要求被审单位（包括集团公司各部门、子公司、阿米巴单元等）按时报送计划、预算、决算、报表及计划、预算的执行情况等文件资料，并有权对未按期或按质完成的工作进行督察、督办。对集团内（包括各部门、子公司、阿米巴单元等）违反公司制度和损害公司利益的行为，有权予以查处。对监察审计工作中的重大事项和重大问题及时向执行机构和总裁汇报、反映情况。根据公司规章制度，对集团公司各部门、子公司和阿米巴单元违纪人员提出处理建议；对遵守公司规章制度、经济效益显著、贡献突出的集体和个人，提出表扬和奖励的建议等。

胡博士点拨：

审计是对结果的判定，监察是对行为过程的监督。收入有没有达到目标，这是对结果的审计。对于过程，这个合同你有权力签订，但是督察部门随时有权来看你有没有超越权限。

第四节　分配与激励机制

分配与激励机制是企业将远大理想转化为具体事实的连接手段，是实施合伙制的重要机制。是通过特定的方法与管理体系，将合伙人对组织及工作的承诺最大化的过程。阿米巴 + 合伙制能否成功实施，关键在此一举。

我们在之前详细谈到了“出钱多的，不一定股份多”。在这里就详细阐述“股份多的，不一定分红多”。这两个方面的内容是合伙人机制极其重要、核心的内容。

本节内容尤其重要，也较复杂，笔者将本节知识点及其逻辑关系写出来，方便读者理解。

一、分配

我们前面强调了，每位合伙人都有合伙价值，有的出钱，有的出力，有的出无形资产（比如商标、某个人在这个领域的权威或知名度等），否则其他合伙人就不会与他合伙了。但是在不同目的的合伙企业里面，出钱、出力、出“名”的价值是要重新被评估的。比如一个投资性的合伙企业，主要是把钱集中起来做投资，那么个人的学历、资历、能力等就不需要被用来占股份，一位博士与一位小学学历的合伙人，股份占比只需要按出资多少来定，而与学历无关。假如我们需要以产品来带动营销，而不是营销带动产品，那么与技术有关、与产品有关的人员，即使投的钱少，拿的股份也不会少。股份确定了，怎么分配？怎么激励？有人说，不是直接按股份分配吗？如果这么简单就不是合伙制，而是有限责任公司。

合伙制的分配，主要包括四种收入来源、三种分红方法、三个增值收益。

1. 四种收入来源

合伙人的收入来源，归纳为四种：工资（劳动报酬所得）、奖金（超额贡献所得）、股息（资本保障收益）、股红（资本增值收益）。

为什么是这四种？比如 4 个人合伙创立一家会计师事务所，一共投资 100 万元，用于注册、办公、宣传等。假设每个合伙人的股份都是 25%，即每人出资 25 万元，4 个人都是优秀的注册会计师，未来的经营不是靠某一个人，是靠 4 个人一起努力。结果一年下来，公司 80% 的业务是一个人找来的，其他 3 个人找了 20% 的业务。如果按股份来分红，这样当然不行。所以，合伙机制如果按股份来做，真的太简单了，那就是有限责任公司。

（1）第一种收入：工资——劳动报酬所得

这里也有三种情况。

第一种，所有合伙人的岗位都一样。

如果每个合伙人的工作性质都是一样的，也就是说，每个人在岗位上没有分别，比如会计师事务所、律师事务所，每个合伙人都是会计师、律师，都要自己对外找业务，那么大家的工资是一样的或差别不大。其中，某位合伙人兼职负责事务所的日常事务，那就单独增加一份工资或津贴；如果是全职负责经营，自己的客户资源都贡献出来让其他会计师、律师去承接业务，那么他的工资与其他合伙人就不一样。

5 个合伙人投资一家餐馆，自己都有另一份工资，整个日常经营管理的团队都是聘请的，但这 5 个合伙人都是有社会资源的，他们都是兼职介绍大单位到这里接待客人、举行宴会等，因为这些活动多少需要一定的时间与交际费用，所以平时每人每月发10000元，包括工资和业务费用，就不再报销其他费用了。

第二种，大股东不参与日常经营管理。

大股东或出资较多的那位合伙人不参与日常的经营管理，意味着要在其他合伙人中选择总经理、副总经理等高级管理人员，或者外聘。

外聘高管的定薪方式，一般都是采用“固定年薪+业绩奖金”的模式，至于金额多少，取决于市场薪酬水平，再加上双方谈判协商。笔者在这里就不详细介绍了。

如果从其他合伙人中选择高管，年薪和奖金就不可能完全市场化，通常有以下三种处理方法。

①固定月薪+年终超额奖金。

约定一个相对市场薪酬水平而言较低的月薪，一般都在50%~80%，再加上超额完成目标利润的奖金。既然固定工资偏低，又是超出利润目标之外的，那么奖金比例就应该高一些。具体高多少，需要根据具体的数据加以测算。很多时候会给一个封顶的数据，毕竟奖金也是年薪的一部分，它不是分红，应该有个限额。

②约定年薪总额，部分以分红的方式体现。

比如市场上同等规模、近似行业的企业，全面负责日常经营管理的总经理的薪酬水平是年薪80万元，合伙人一致约定自己的合伙企业总经理的年薪为60万元，总经理也同意，毕竟是为自己打工。更大的收益不能指望年薪，而是靠利润分红、资产增值，甚至是上市。

那么我们可以做如下约定。

A. 每月发放固定工资3万元，即固定年薪36万元，剩余24万元采用优先分红的方式。

B. 大致预测一下当年的利润，比如300万元，那么就约定24÷300=8%的利润用于抵未发放的年薪。

C. 利润预测由总经理来操作，由合伙人会议审核通过。

D. 固定月薪 + 优先利润分红的总金额不得超过年薪的 3 倍，即 240 万元。

E. 除固定月薪外，采用分红体现的年薪余额不设最低保底。

大股东或投资最多的合伙人将经营管理的最高权限都给总经理了，能不能赚到钱就看总经理有没有本事了。

③年薪全部以优先分红方式体现。

这与上一条规则有点类似。我们请不起你这么优秀的总经理人才，我们之所以请你合伙，或我们之所以愿意给你投资来经营，就是看好你的能力、你的经验。虽然你出钱不多，但可以多出力。你对经营有信心，既然你出力多，我们做如下约定。

A. 年薪 100 万元，平时一分也不发，如果实在急需用钱，在公司有利润的前提下，可以预支一部分，全年预支总额不得超过年薪的 30%，即 30 万元。

B. 年薪 100 万元相当于预测利润的 15%，上封顶三倍，下不保底。

C. 平时预支的金额从年底的年薪中扣除，如果不够扣，就从投资分红中扣除。当年分红不够扣时，就从次年年薪或分红中扣除，直至填补完毕。

为什么要这么设计？道理和上一条是一样的，能不能赚钱大伙都靠你。

第三种，每个合伙人的岗位都不一样。

这种情况其实比较多，每个合伙人的工资到底定多少，取决于不同的岗位价值。也许出钱少的合伙人，岗位比较重要，或者职务比较高，除股份外，他的工资也就比较高了。这在上一章第三节“确定股份占比”中有详细介绍，就不重复了，这里主要说明一下制定薪酬的主要方法。

这种方法主要是根据岗位价值的高低，结合市面上的工资水平来确定的，当然也可以一起商量，约定每位合伙人的基本年薪。

笔者出版过一本书叫《三三制薪酬设计技术》，可以参考借鉴。老板凭什么给你发工资，企业凭什么给你支付工资，取决于你的三个价值。

第一个是个人价值。

个人价值亦称“固有价值”，即个人本身所具有的价值，不易随着服务对象、岗位的变化而发生太大的变化，主要包括学历、专业、职称、工龄、素质等。承认一个人的固有价值即是承认一个人对未来有积极影响的过去。

有人说，英雄不问出处，我只要绩效，你那么高的学历、职称对公司有什么作用？有本领就拿绩效来说话！其实不然。

第一，英雄也有熟悉环境的过程，甚至可能会提出一些给绩效带来巨大变化的措施，因而短期内不一定能取得英雄般的绩效，如果只唯绩效是论，那么对于中长期战略性人才的培养和保留是很不利的。

第二，从潜力方面而言，他们更有可能被培养成公司未来的中坚力量，从而形成公司的人才梯队，而这个梯队的成员是不容易在短时间内被外来者所取代的。

第三，学历、专业和素质等有优势的员工，从概率上讲，他们能在工作中表现出更多的绩效所不能反映的“附加值”，如沟通成本低、能提出建设性意见、完善自我的工作细节等。

第二个是岗位价值。

岗位价值亦称“使用价值”，即把具有一定量的固有价值的员工安排在某一特定的岗位上，而岗位的职责与特征是决定员工所能做出的贡献大小的基础平台。从理论上讲，岗位价值是不会因为担当该岗位的责任者不同而发生变化的，它是一个相对静态的价值系数。

在传统的薪酬体系中，强调职务等级而忽视岗位价值，大家都是部长，所以工资是同一级别的；我们都是工程师，所以我们的工资是一样的。这很不合理。销售部长和总务部长的岗位价值怎么能一样呢？研发工程师和生产工程师的工资能相同吗？所以，工作岗位的价值肯定有大小的区别。

第三个是绩效价值。

绩效价值，即员工在某一特定岗位上为企业创造的价值，并且这个价值是否值得企业发生购买行为。因为从雇佣关系的意义上讲，员工其实也是一种商品，只不过阿米巴所购买的不是员工的身体，也不是学历、专业、职称等固有价值，而是员工在工作期间运用固有价值所创造出来的绩效。

有了这个三大价值导向，企业在进行合伙人薪酬设计上就有了理论依据和科学的解释。

三大价值导向的关系如图 5 – 1 所示。

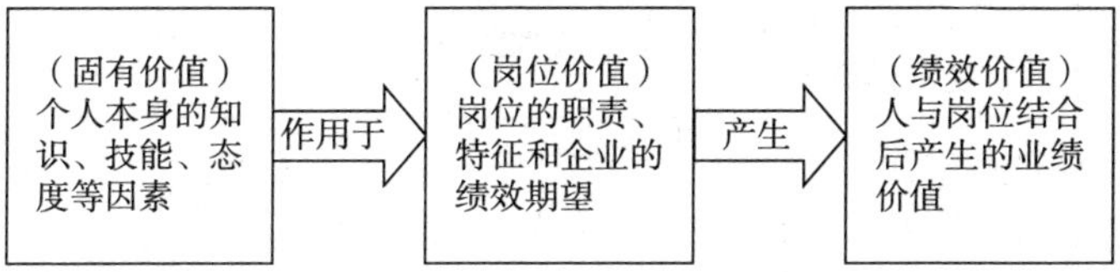

图 5 – 1　三大价值导向的关系

（2）第二种收入：奖金——超额贡献所得

个人按照业绩提成，团队超额目标奖金。

个人按照业绩提成，继续用合伙创立会计师事务所的案例来说明。4 个人合伙，可以不发工资，但有提成。每做一单生意，就把营业收入的 10% 作为提成，这也是可以的。

团队超额目标奖金。在会计师事务所，你作为销售，但是你没有做会计，只是谈了一个项目，帮客户做账需要请会计师。你拿走销售的提成，负责做账的会计师就没有提成了。如果把会计师分成四个经营小组，4 个合伙人分别负责一个小组。与此同时，把 20 个会计师平均分配到四个小组，每个小组确定团队的经营目标是 300 万元，但你的小组贡献了600万元。超出的部分就作为团队超额目标奖金。

如果这家合伙企业不像会计师事务所、律师事务所，而是每个合伙人担任不同的岗位，那么合伙企业内部各部门最好是做成阿米巴，实行内部交易。根据柏明顿管理咨询公司的分、算、奖经营模式——中国式阿米巴，其核算形态可以分为四种，如表5-1所示。

表5-1 阿米巴的核算形态

核算形态	简要描述	考核指标	部门举例
资本型	经营资本，包括现金、实物、证券等	投资回报率	资金部、投资部、证券部
利润型	通过主观努力，可以扩大收入与利润	目标利润达成率	对外的销售部门，可以通过主观努力来影响对外销售的研发部、产品部、品牌部等
成本型	主观努力不能增加收入，只能降低成本	目标成本降低率	生产部、施工部、采购部
费用型	做哪些事、花多少钱，不求省钱为第一目标，但求把事做得更好	行为指标、过程指标	人事部、行政部、总经办、财务部

可以看出，只要是超出了考核指标的要求，就可以拿到目标超额奖。但费用“巴”由于没有具体的经济财务指标，所以不适合把降低费用当作奖金的基数。否则，一省钱就有可能导致服务质量下降，因此对他们的考核只是过程性指标，即过程是否正确，而不是看是否省钱。比如公司今年的培训费用为100万元，如果降低就有奖，那么还有意义吗？

工资、提成、奖金都需要计入合伙企业的运营成本，这里顺便介绍一下合伙企业的公共费用该如何处理。所谓公共费用，是指那些无法直接计入某个合伙人身上的费用，比如办公室租金、水电费用、物业管理费用、办公费用、行政人员的工作与福利等。

公共费用的分担方法主要有两种。

①按合伙人人头数平均分担。

假如整个会计师事务所一年的日常开支是200万元，那么平均每个人分摊50万元。

②按各合伙人的营业收入分担。

谁的营业额高，谁就多分摊一些。你做了150万元的生意，那么你就多分摊一些费用。剩下三个人才做50万元，那就分摊少一些。

通常的做法是先预算年度公共费用及营业收入额，确定“预算公共费用÷预算营业收入×100%”，然后每发生一笔营业收入就先扣除公共费用，剩下的金额才由发生业务的合伙人去支配，比如直接人工、营销费用、税金等。年终结算一次实收金额与实际发生的公共费用的差额，多退少补。

两种方法各有利弊。

如果每个人平均分摊费用，这种情况下就会出现有的合伙人亏损的现象。收入少，分担的费用比较高，收入还不够分摊共同费用，这就导致了合伙人的亏损。

如果按营业收入分摊，有的合伙人也会认为不公平。因为营业收入多的合伙人不一定多占用了公共资源，为什么就要多分摊呢？

按平均分摊还是按营业收入分摊。在合伙以前把规则说好，然后按规则办事。

如果合伙企业不是每位合伙人各自开发业务，而是按职能流水来操作的模式，那么就不能用以上两种方法分摊，而是直接将公共费用计入合伙企业的运营成本中。比如A合伙人做研发，B合伙人做生产，C合伙人做销售。

如果合伙企业内部采用阿米巴模式，那么也是各自承担费用。

（3）第三种收入：股息——资本保障收益

回到合伙的基本原则，有的出钱，有的出力，有的出“名”，有的三者都出。因此，总体上我们就应该体现“就出钱而言，出钱多的应该比出钱少的收益多；就出力而言（业绩），出力多的应该比出力少的收益多”。当初我出钱多，由于我出力不够，因此综合下来我的股份占比较少，这个我认了，但毕竟我多出了钱，至少在出钱方面不应该吃亏。为了收益公平起见，就必须引出“股息”这个概念。

比如4个人合伙创立一家会计师事务所，每个人投资25万元，占25%的股份。公司赚了钱，派发股息的时候，如果每个人都是25%的股份，股息都是一样的，可以不派发股息。如果每个人的投资款有差额，有人投资20万元，有人投资30万元，还有人投资15万元，有差距，股息才有价值。投资的金额不一样，又不能完全按照股份比例分红，而多投资的总得有好处，这个时候就需要把股息算清楚，可以保障资本收益。

股息是指合伙公司从税后利润中按照股息率派发给股东的收益，是付给资本的报酬。确定股息的方法通常有三种：约定固定股息、约定浮动股息、参考银行利息。

①约定固定股息

合伙企业如果是轻资产企业，那么价值的创造主要取决于人才而非资本，但是说到底股息其实也是一种资本利得，也是要讲究投资回报的，因此，约定股息就有很多技巧或者说是注意事项。

◆一般不会低于银行同期年息。因为银行利息是无风险性收入，而投资到合伙企业有可能会血本无归，因此股息高一点也正常。

◆每位合伙人的投资金额差距比较大，支付股息当作股份分红的意义才大，多出钱的合伙人在出钱方面不能没有任何好处，否则，大家的金额都一样，要分红也是平均主义，没有多大意义。而且股息又不能太高，太高就抹杀了人才的价值。

◆一般约定在多少较为适合呢？从笔者多年做咨询项目测算的数据来看，多数在8%～12%。

固定股息的做法也是有利有弊的。

有利的一面，操作比较简单，大家约定一个比例就可以了。

不利的一面，当利润不多时，去掉固定的股息，可能导致没有利润可用于分红，这样多出力和少出力的合伙人在“出力”方面的收益就没有差别或者差别很小。

比如 4 位合伙人共投资 1000 万元，约定股息为 10%，即一年总股息是 100 万元。那么，有可能出现以下三种状况。

A. 当年的利润小于 100 万元，连固定股息都不够支付，虽然可以约定从明年的利润中优先补足，但这么一来就没有股红了。

B. 当年的利润等于 100 万元，全部用于支付股息也只是刚够，第二年的流动资金从哪来？业绩好的合伙人的收益从哪来？

C. 当年利润大于 100 万元，比如 120 万元，只有 20 万元用于分配给“出力”的，更多的钱是用于分配给“出钱”的，在我们这样靠智力为主的轻资产行业，岂不是颠倒了智力资本大于货币资本这一公认的事实吗？

②约定浮动股息

所谓浮动股息，通常的做法是约定年度利润的一个比例用于支付总资本的股息。有的会加一个上封顶、下保底的条款。

还以刚才那个例子来说明。4 人投资 1000 万元创建合伙企业，约法三章。

◆约定每年以利润的 20% 支付股息，利润的 80% 用于股份分红，且股息支付优先；

◆但是股息不能低于 5%，不能超过 20%；

◆股息低于 5% 时，从次年利润中优先填补；高于 20% 时，多余部分用于股份分红。

现在我们假设以下几种情况，以便理解“约法三章”的内容。

A. 假设某年的利润是 120 万元，按约定用 24 万元来支付股息，可是低于“总股息在 50 万～200 万元”的约定，这时用利润的 20% 来支付股息显然是不够的。

为了确保股息的最低值即 50 万元，实际上就是从当年利润 120 万元中拿出 50 万元，即占利润的 50÷120=41.67% 用于支付总股息。剩下的 70 万元用于分红。

B. 假设某年的利润是 1500 万元，如果用 1500×20% =300 万元来支付股息，显然又高于“总股息在 50 万～200 万元”约定的最高值，因此只需要用 200 万元来支付股息，而剩下的 1300 万元用于股份分红。200÷1500=13.33%，符合“股息不能低于 5%，不能超过 20%”的约定。

③参考银行利息

这种方法最简单，通常也有两种做法，即按银行一年或五年整存整取的年息。

（4）第四种收入：股红——资本增值收益

股红，即资本增值收益，简单来说就是股份分红。合伙企业的分红规则不像有限责任公司或股份有限公司那么刻板，只是按股份比例分红。由于合伙企业的最高游戏规则就是合伙人之间共同签署的协议，而且不会因为是“私法”而在面对“公法”时效力就低一级。也就是说，在没有违背国家相关法律、法规的前提下，我们“爱怎么约定就怎么约定”。这里介绍合伙企业常见的三种分红方法。

2. 三种分红方法

第一种，按股份比例分红。

这种方法最简单，也最没有激励效应。

所谓按股份比例分红，就是按工商登记时的股份比例分红。我们前面讲过，出钱多的不一定股份多，因为确定每个合伙人的股份占比时可能考虑了除出资以外的其他因素，比如岗位价值、社会资源等，但不管怎么样，在工商登记注册时最后总归是要确定每个人的股份比例的，就算是不注册，是企业内部的一种合伙机制，也必须确定每位合伙人的占股比例。这种股份分红方式非常简单，就不多介绍了。

第二种，按贡献比例分红。

这种分红方式又可分为按营业收入贡献、按利润贡献、按数量贡献、按岗位价值、按部门目标达成率等五种。前三种都适用于每位合伙人的岗位都相同的情况。如果读者不是这样的情形，请直接看第四、第五种分红方式，那就是每位合伙人的岗位都不相同的情形。

①按营业收入贡献分红，例见表 5－2。

这种分红方式有几个适用前提。

◆每位合伙人的股份占比比较均匀。

◆每一笔营业收入或每个项目、每个产品形成的收入中所消耗的成本比例是接近的。

比如一个收入是 100 万元的项目，其成本、费用为 80 万元，即总支出占总收入的 80%，

◆那么另一个 60 万元的收入，其总支出占比也在 80% 左右。

◆平时个人奖金、超额奖金比较低，大部分都留在公司，形成了较大的税前利润。

表 5－2　按营业收入贡献分红

单位：万元

合伙人	股份	营业收入	占总营业收入	直接成本	成本比例	公共费用	利润	分红
张三	24%	120	18.18%	95	79.17%	37.12	93.88	17.07
李四	26%	180	27.27%	145	80.56%			25.60
王五	25%	200	30.30%	158	79.00%			28.45
赵六	25%	160	24.24%	131	81.88%			22.76
合计	100%	660	100.00%	529	80.15%	37.12	93.88	93.88

假如把当年全部利润都分红，则按表5－2分配；若要留下次年现金和公积金，则分红前扣除。

②按利润贡献分红，例见表5－3。

这种分红方式有几个适用前提。

◆每位合伙人的股份占比都比较均匀；

◆每一笔营业收入或每个项目、每个产品形成的收入中所消耗的成本比例差异较大；

◆平时个人奖金、超额奖金比较低，大部分都留在公司，形成了较大的税前利润。

表5－3　按利润贡献分红

单位：万元

合伙人	股份	营业收入	直接成本	成本比例	毛利贡献	贡献比例	公共费用	利润	分红
张三	24%	120	95	79.17%	25	26.32%	37.12	57.88	15.23
李四	26%	180	162	90.00%	18	18.95%			0.00
王五	25%	200	177	88.50%	23	24.21%			0.00
赵六	25%	160	131	81.88%	29	30.53%			0.00
合计	100%	660	565	85.61%	95	100.00%	37.12	57.88	57.88

③按数量贡献分红。

这种分红方式有几个适用前提。

◆每位合伙人的股份占比比较均匀；

◆每次营业活动带来的收入及对应的直接成本比例差异较小；

◆平时个人奖金、超额奖金比较低，大部分都留在公司，形成了较大的税前利润。

根据表5－2、表5－3可以推导，这种方式也就很容易理解，就不再详细列表。

④按岗位价值分红，例见表 5 －4。

这种分红方式有几个适用前提。

◆每位合伙人出资金所占的股份比例比较接近，但没有按岗位价值重新配股的；

◆按职能流程共同创造价值，彼此相互依存。

表 5 －4　按岗位价值分红

单位：万元

姓名	岗位	出资金额	股份占比	岗位价值	价值占比	利润	股息 10%	分红	综合所得
张三	总经理	200	20%	897	29. 64%	425	20	96. 34	116. 34
李四	营销副总	300	30%	803	26. 54%		30	86. 24	116. 24
王五	设计总监	250	25%	719	23. 76%		25	77. 22	102. 22
赵六	生产总监	250	25%	607	20. 06%		25	65. 19	90. 19
		1000	100%	3026	100. 00%	425	100	325. 0	425. 0

说明：

个人分红 = （利润 – 股息） × 个人价值占比

个人综合所得 = 个人股息 + 个人分红

⑤按部门目标达成率分红，例见表 5 －5、表 5 －6

这种分红方式有几个适用前提。

◆企业内部实施了阿米巴模式，每位合伙人负责的部门所创造的利润是可以量化的；

◆如果没有实施阿米巴模式，至少每个部门都有量化的经济指标或财务指标（金额）。记住，不是指一般绩效考核的分数；

◆加上上述分红方法④按岗位价值分红的两个条件。

表5-5 按部门目标达成率分红

单位：万元

姓名	岗位	出资金额	股份占比	岗位价值	价值占比	利润	股息10%	拟分红
张三	总经理	200	20%	897	29.64%	425	20	96.34
李四	营销副总	300	30%	803	26.54%		30	86.24
王五	设计总监	250	25%	719	23.76%		25	77.22
赵六	生产总监	250	25%	607	20.06%		25	65.19
合计		1000	100%	3026	100.00%	425	100	325.00

说明：个人拟分红=（利润总额-股息总额）×个人价值占比

表5-6 按部门目标达成率分红续表

姓名	岗位	目标达成	考核后实际分红	分红占比	再分剩余22.21万元	综合所得
张三	总经理	89.00%	85.74万元	28.32%	6.289万元	112.03万元
李四	营销副总	93.00%	80.21万元	26.49%	5.883万元	116.09万元
王五	设计总监	97.00%	74.91万元	24.74%	5.494万元	105.40万元
赵六	生产总监	95.00%	61.93万元	20.45%	4.543万元	91.48万元
合计			302.79万元	100.00%	22.21万元	425.00万元

说明：
个人考核后实际分红=个人拟分红×目标达成率
剩余总金额=拟分红总额-考核后实际分红总额
个人再分剩余金额=剩余总金额×分红占比
个人综合所得=股息+考核后实际分红+再分剩余金额

第三种，按特殊约定的比例分红。

这里介绍两种方法：一是按特殊约定，二是按行规约定。

①按特殊约定比例分红。

所有合伙人约定，根据企业的需要来做。比如当你没有任何的贡献时，除了保证股息，你最多的分红不能超过其他有贡献的合伙人平均分红的10%。假设我们分100万元，就分10万元给你，这是特殊的约定。所以，合伙制里面，既要体现很规范很理性的一面，也要体现一些带有情感性的一面，但凡合伙企业，规模都不会特别大。阿米巴合伙制也好，项目合伙制也罢，合伙人之间都比较熟悉，还是有一定感情存在的，这是一种特殊的约定。

②按行规约定比例分红。

比如合伙企业融资主要是用于投资而非直接经营某种产品或服务，即所谓基金性质。那么，有限合伙人即 LP，主要是出资；而普通合伙人即 GP，除了出资外，主要就是经营资本。按照行规，投资金额的 2% 用于企业的日常经营与管理，而投资收益的 20% 给 GP。也就是说，LP 通常只有收益的 80% 。

3. 三个增值收益

合伙人除了上述四种直接收入外，还有三个间接的增值收益，即商誉、借贷和交易。有时候这些增值收益甚至远远超过直接收入，这也是做合伙人比纯粹打工更有长远利益之处。

（1）商誉

商誉通常是指企业在同等条件下，能获得高于正常投资报酬率所形成的价值，能在未来期间为企业经营带来超额利润的潜在经济价值。这是由于企业所处地理位置的优势，或是由于经营效率高、历史悠久、人员素质高等多种原因，与同行企业比较，可以获得超额利润。

商誉是与企业整体结合在一起的。企业一旦拥有良好的商誉，就具有超过正常盈利水平的盈利能力和服务潜力。因此，商誉的价值只有通过作为整体所创造的超额收益才能集中表现出来。

除了上述理论上讲的商誉收益外，这里说的商誉是指每位合伙人因为是某合伙企业的股东、合伙人，而且这家合伙企业经营得也不错，那么作为其中的主要一员，其在商界是能够背书一些内容的，至少也会表现在三个方面。

①给合伙企业直接带来相关生意。

比如你的合伙企业是给苹果电脑做配件的，虽然利润不高，但接下来估计全世界的电脑装配企业都会找你下订单，这就是商誉带来的价值。而这种价值，如果你不是合伙人，只是一位经理人，那么你的收益是不可能直接与企业收益的增长成正比例线性关系的。

②给合伙人另外的企业带来生意。

如果你除了在现有的合伙企业（假设名称为 M）既是合伙人又是经理人，同时你还有其他的生意或投资（当然不可以同你现任的合伙企业是同行，更不能是竞争对手，假设名称为 H），那么当你的 H 企业的客户和利益相关者知道你是 M 企业的合伙人，而且 M 企业经营口碑又很好时，你无意之间借 M 企业给 H 企业带来良好的商誉，H 企业也会受到很多客户的青睐。

③给合伙人个人带来信誉。

前提是你所在的合伙企业要经营得很好，盈利状况、客户与供应商口碑、员工满意度都不错，那么你就是一个很好的品牌了。我们做顾问项目中经常遇到这样的现象，A 企业获得了投资 5000 万元，可以占该公司 10% 的股份，可是另一个投资者也投资了 5000 万元，这个企业只给他 5% 的股份。为什么？知名度大，个人品牌一呼百应。这些收益，如果你不是合伙人，是享受不到的。

作为一个投资者、合伙人，别总盯着分红的钱，把眼光放长远一点。

（2）借贷

增值收益的一个方式是借贷，虽然借贷可以产生高收益，但也存在一定的风险。因此，借贷要有抵押，为了杜绝事后纷争，最好借贷时就签好书面凭证，以免口说无凭，徒增困扰。

记住，股份、股票通过有关法律程序办理之后是可以抵押贷款的，至于是向银行抵押还是向第三方资本机构或个人抵押，这就看你的意愿和需要了。贷款之后又可以做更大的生意，可以赚到更多的利润，这是另一种收益。

（3）股权交易

现在上市就像通过 ISO9000 认证一样，没那么难了，主板、中小板、创业板、新三板、科创板，还有 H 股、海外股。其实股权交易的路径并非只有上市，绝大多数股权交易来自于非上市公司，只是因为没有公开信息而已。很多基金、投资商就是通过买卖非上市公司的股权来获益的。

比如你给合伙企业投资了 200 万元，占 20% 的股份，也就可以折算总投资 1000 万元。通过一段时间的经营，有人想投资给你的企业，双方确认公司估值达到 2 亿元，这时你 20% 的股份就相当于 2000 万元，一下子涨了 10 倍！假如对方出资 3000 万元购买我们 30% 的股权，就是你的股份也要出让 30% 。

现在你的股份的价值是 2000 万元，卖掉 30% 的股份，就可以收回 600 万元的现金。我当初投资 200 万元就是 300% 的回报，而且手中还握有价值 1400 万元的股份。

顺便说一下，犹太人就是这么干的。他们做企业的目的就是把企业当作商品卖掉，不像我们动不动就想成为百年老店。

如果外面的投资者想投资你的企业或收购你的企业，一般都会先找到大股东，或者大股东主要从事资本运作，其他股东在从事日常的经营管理。那么，当大股东在接触投资者时，实际上大概就知道了对方可以出什么价来投资，至少是购买其中部分股份。这时大股东往往会采用内部优先收购的方式来收购其他股东的股份。

比如 4 年前你在合伙企业投资 200 万元，占 10% 的股份。也就是说，这个公司在你投资时的总投资额或许估值就是 200 万元 ÷ 10% = 2000 万元。现在有一位新的投资者愿意以 2000 万元购买其中 20% 的股份，这个时候该合伙企业的估值就是 2000 万元 ÷ 20% = 1 亿元。意味着比你当初投资时的估值翻了 5 倍（1 亿元 ÷ 2000 万元 = 5）。这时大股东可能会找到你，愿意以你投资时的 3 倍价格收购你的全部股份，简单说来，就是你 4 年前投资了 200 万元，现在大股东以 600 万元收购，你卖不卖？你肯定会想：一下子翻了2倍，赚了400万元，而投资4年的分红还不到80万元，还是卖了划算。所以，大股东以600万元收购了原本占有的10%的股份。而这时候的估值已经是1亿元了，10%的股份就是1000万元，即以600万元买你的股份，以1000万元卖给新投资者，净赚400万元。

如果你今天不卖，过了两三年，假如经营状况下跌得很厉害，也许这个合伙企业这时连2000万元的本钱都卖不到，你一定会后悔。当然，因为你本身就是这个合伙企业的经营者之一，应该有理由、有能力判断是否值得出售你的股权、什么时候出售。

二、激励

一般说到激励都会想到奖金，其实我们一定要形成这种结构化思维的习惯。激励分为精神激励和物质激励。根据管理实践总结归纳，常用的四种激励方式是晋升、荣誉、奖金和股权。

（一）四种激励方式

第一种激励方式：晋升。

精神激励的一个方式是晋升。晋升激励机制就是依靠晋升来激励合伙人，提高工作积极性。企业需要评价合伙人，看其能否晋升到高一层级的职位。

晋升激励的原则是：德才兼备，德和才二者不可偏废；机会均等；“阶梯晋升”和“破格提拔”相结合。

第二种激励方式：荣誉。

精神激励的另一个方式是荣誉。它主要是把工作成绩与晋级、提升等联系起来，以一定的形式或名义确定下来，主要的方法是表扬、奖励、经验介绍等。公司进行荣誉激励有几点要求：满足合伙人的自尊需要；对合伙人的贡献公开表示承认；不要吝啬头衔和名号。

第三种激励方式：奖金。

在合伙制中，奖金的激励作用是很强的，这种激励功能来自依据个人劳动贡献所形成的收入差别。利用这些差别，使合伙人的收入与劳动贡献联系在一起，起到奖励先进、鞭策后进的作用。

奖金体现了合伙人对公司的贡献。如果合伙人对公司的贡献大，相应的奖金就多；如果贡献小，奖金相应就少。奖金的目的在于激励合伙人更好地为公司创造价值，只要能达到这个目的，就达到了发放奖金的目的，这也是衡量发放奖金是否成功的标准。

在阿米巴＋合伙制的经营模式中，奖金余额可以转为本“巴”的股份，享有分红权、资产增值权。若是公司进行资本结构调整，可按比例转为公司股份，员工如果不愿意可以结算余额，并在规定的时间内支付完毕。

第四种激励方式：股权。

股权是股东基于其股东资格而享有的，从公司获得经济利益，并参与公司经营管理的权利。合伙人在合伙公司中的投资份额，即股权比例，股权比例的大小直接影响合伙人对公司的话语权和控制权，也是合伙人分红比例的依据。

这是笔者需要重点介绍的，而且阿米巴、合伙制的股权激励与普通常规的股权激励在操作上有很大的区别。它们之间有哪些相同点和不同点呢？

（二）常规性股权激励

公司做股权激励的目的，是希望员工一起努力，一起当合伙人做这件事，而不是从你身上赚钱。有关常规性股权激励，有几个名词需要澄清一下，这又回到了结构化思维。

1. 三对重要名词

（1）股份与股权

股份就是把一块蛋糕切了多少块，就有多少份。而你能吃到几块蛋糕，那才是股权。你占有这个公司的股份，未必与分得的利益成正比。虽然股份多，但公司决策权不一定在你的手中。比如马云跟孙正义，马云的股份并不多，但在阿里巴巴公司发展的时候，他有一票否决权。后来又成立了合伙人公司，合伙人公司不断控股，虽然这个公司的股份比较少，但由于层层控制，所以上层的权力比较大。总之，股份是数量，股权是权利，股份数量多不一定代表权力大。

（2）虚股与实股

所谓的虚股，主要是指参与分红的权益。虚股不能做公开交易，内部可以另行协商。股权通常情况分为三个部分：第一，分红权。股份多分红少，证明你的股份大、股权小。第二，增值权。当你没有分掉这个利润，还留在公司，你还没有资格来分享价值增长差额。第三，资产的表决权。通常情况下，虚股主要是指你享受分红权，就是股权里面你可以分红，但你不一定拥有资产的表决权。平时股份给你了，10%也好，20%也好，但公司要不要引进新的合伙人，这跟你没关系，你没有这个权力。最多是开会的时候，你可以提意见，但真正表决的时候没有这个权力。

实股才能充分享受股权。有的人说虚股是不注册的，实股是注册的，不能这么划分。因为不管有没有注册，注册的章程是法律文件，是属于大家都要遵循的法律法规。而真正对公司有效的，往往是股东会或董事会所通过的决议。也就是说，虽然没有在工商注册，但程序合法，也同样受法律的保护。

（3）期股与期权

这两个名词很容易混淆，笔者需要详细解释一下，因为后面会用到它。

期，是指未来的规定的时间，有点像英文中的将来进行时。比如我们将在未来5～6年的时间内将城中村进行改造。说明现在还没改，什么时候改？从今天算起，第5年或第6年。

期股的概念：激励对象按照约定的价格，在某一规定的时期内，以个人出资、贷款、奖励、红利等方式获取一定数额的企业股票/股份，股票/股份收益将在中长期兑现。

A 企业今天的净资产是 3000 万元，假设总股本数就定为 3000 万股，即相当于 1 元/股，这是原有股东权益的原始价。

现在 A 企业要给张三做股权激励，股价总得溢价一点。假如引进外部投资而不是内部的股权激励对象，股价可能是溢价 10 倍，现在因为张三是企业的核心骨干，就少溢价一点，毕竟股权激励的本质是把人才留下来与企业共同持续发展，而不是想要激励对象那点钱。现在原有股东一致同意，溢价 5 倍，即以 5 元/股卖给张三 120 万股，张三就花 600 万元来买股，占总股本数 3000 万股的 4%。这时公司的净资产虽然只有 3000 万元，实际上估价是值 1.5 亿元的，因为溢价 5 倍了。

如果事情到此为止，那就谈不上股权激励了，而是股权买卖，只有保健作用却没有多大的激励作用。

现在问题来了，张三以 5 元/股的价格所购买的不是今天的股份，而是 3 年以后的股份。在这 3 年里，股本总数一般都不变，还是 3000 万股，但是净资产是会变的，经营得好，就不止 3000 万元；反之，就不到 3000 万元了。

假如 3 年以后公司的净资产只剩下 1000 万元，而张三当时用于购买股份的资金是 600 万元，占 4% 的股份，即那时公司的估值是在净资产的基础上溢价了 5 倍，是 1.5 亿元，而如今只剩下 1000 万元的净资产，如果张三还以原来 5 元/股的价格购买股价，相当于溢价了 15 倍，这对于内部股权激励来说，的确是有点高。也就是说，张三不划算。但不划算又能怪谁呢？张三也是导致这种结果的核心人员之一。张三说："我不买了，把钱退给我。"不行，这就是期股的游戏规则，愿赌服输。

当然，也有相反的情况，假如 3 年以后净资产从原来的 3000 万元增值到了6000万元，那么张三购股相当于只是溢价了2.5倍。原有股东想，我卖给外面的投资者至少溢价10倍，而给张三只有2.5倍，不卖了，把钱退还给他，行不行呢？当然不行。

张三顺利把股份买进了，他在想，接下来就准备把自己4%的股份卖给外部的投资者。你算一算，现在的净资产是6000万元，外部投资者愿意溢价10倍即估值6亿来购买这家公司20%的股份，也就是花1.2亿元。如果张三把4%的股份全部卖掉，就可以套现6亿元×4%=2400万元。投资600万元，3年回收2400万元。

行不行呢？当然也是不行的。就算要卖，通常也是所有股东等比例出售20%卖给外部投资者，即张三最多能够卖出4%×20%=0.8%的股价。更多的时候，在做股权激励时，还会约定一个禁售期，也就是张三买进期股（行权）后3年内不得出售或转让。这才符合期股定义中的“收益将在中长期兑现”。

所以，期股就是先付钱，再进未来的货（股），中途不得毁约。这就把激励对象的潜力激发出来了，才能取得更好的效果。

期权的概念：企业给激励对象在将来某一时期内以一定的价格购买一定数量股权的权利，激励对象到期可以行使或放弃这个权利。

我们从概念中可以知道，期权实质上就是把未来的权利合约化。就像你现在还没到18岁，所以暂时没有选举权和被选举权，那么怎么保证到了18岁以后会有呢？有国家的宪法和其他相关法律保证。当然，到了18岁你可以不参加选举。

这里就不再举例描述了，只说说与期股的区别。

一是期股是现在就要出钱，买未来的股；期权是现在不用出钱，给一个未来可以出钱买股的权利。

二是期股是你必须要买，否则，根据约定，你现在投资的钱就不会退给你；而期权不同，你将来可以买也可以不买。当然，通常也会加上一些约束和激励的条件，因为条件是对等的，你可以买也可以不买，企业也就有权利可以卖也可以不卖，大家把条件约定好即可。

比如企业现在与张三签约，3 年以后可以以 3 元/股的价格购买公司 100 万股，前提是这 3 年要达到什么业绩，业绩可以是流量、用户数、营业收入、利润等，也可以是资产增值等。没达到这个条件，根据约定，3 年后张三就没有购买股价的权利。

2. 9D 股权激励

股权激励实施的成败关键在于把握两点：一是如何设定股权激励方案？二是如何完善和实施既定的股权激励方案？笔者根据丰富的股权激励项目咨询经验，总结出“股权激励的 9D 模型”，有效落实了“如何设计股权激励方案”和“如何完善和实施既定的股权方案”。更详细的内容，可以参考笔者所著的《9D 股权激励模型》一书。如图 5 -2 所示。

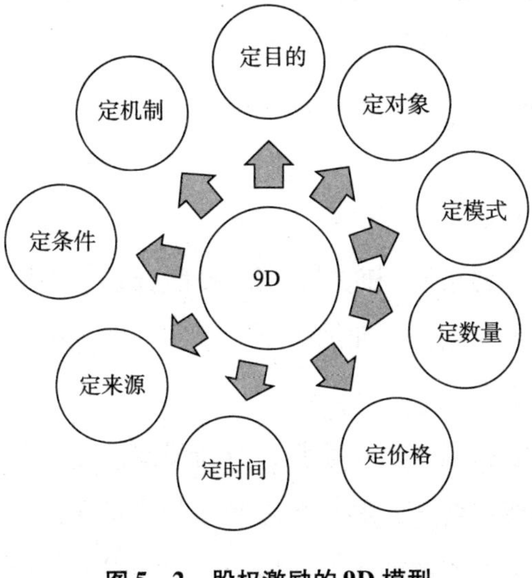

图 5 -2　股权激励的 9D 模型

何谓股权激励的 9D 模型？股权激励的 9D 模型是在总结大量股权激励咨询项目经验的基础上，结合不同类型、不同发展阶段的企业特点和需求独创的股权激励设计和实施控制模型。针对不同企业现状与发展前景，提供“量身定制”的股权激励方案与保证实施效果的应对策略。

（1）定目的

定目的，即确定股权激励的目的。主要目的：提高业绩、回报老员工、降低成本压力、吸引并留住人才、股权释“兵权”，等等。

股权激励的目的非常多，不单纯是为了留住人才，否则太浪费了。不同的目的采取的股权激励手段是不一样的。

（2）定对象

定对象，即如何确定激励的对象。

确定股权的对象，即期权的持有人，通常由董事会决定，侧重于公司的董事、高级管理人员，以及对公司未来发展有直接影响的管理骨干和核心技术人员。

在此以外的人员成为激励对象的，公司应在备案材料中认证其作为激励对象的合理性。要综合考虑员工的职务、业绩和能力等因素。

（3）定模式

定模式，即确定合适的股权激励模式。

从企业类型来看。

中小型企业：适合虚拟股票和账面价值增值权等模式；

非上市企业：通常使用期权、员工持股计划、虚拟股票等模式；

上市公司：股票期权、业绩股票、延期支付等模式是首选。

从激励对象来看。

经营者和高级管理人员：期股、业绩股票、股票期权；

管理骨干和技术骨干：限制性股票、业绩股票；

销售部门负责人或者销售业务骨干：业绩股票、延期支付。

（4）定来源

定来源，即确定股票和资金的来源。

股份来源有很多种。一是有大股东出让股份；二是如果股东比较均衡，可以同比例稀释；三是增值控股，就是股份来源。这是常规的股权激励，我们分为三个：赠予、购买、期权，这样的组合比较好。即使你这样做了，也未必能得到大家的喜欢。怎么做？职务有高低，职务类别不一样，有重要的也有不重要的，怎么给？这就要制定规则，要先把规则制定好，而且这个规则是大家认可的。

资金来源：激励对象直接出资、激励对象工资、奖金、分红抵扣、企业资助等；要综合评估公司现金流、激励对象的收入状况等因素。

（5）定数量

定数量，即确定股票的数量与分配比例。

总共拿出多少股份？如何分配到个人？

股权总量：不超过公司股本总额的 10%，首次实施激励计划授予的股权数量应控制在股本总额的 1% 以内。

股权个量：任何一名激励对象获授的本公司股权累计不得超过公司股权总额的 1%，高级管理人员个人股权激励预期收益水平，应控制在其薪酬总水平的 30% 以内。

高层 ∶ 中层 ∶ 一般骨干员工 =4 ∶ 2 ∶ 1。

（6）定价格

定价格，即股权激励计划中的价格界定。

如何计算公司现有的股份？以什么价格给到员工？以什么价格回收员工的股份？

行权价格：公司向激励对象授予期权时所确定的，激励对象购买公司股票的价格，根据当天的股票市价确定，高低控制在 10% 以内。

回购价格：公司股东购买激励对象转让的股票的价格。转让日公司每股内在价值（每股净资产）为定价基础；转让双方谈判的结果。

（7）定时间

定时间，即股权激励计划中的时间安排，包括股权授予日、有效期、等待期、可行权日及禁售期。

股票授予日与获授股权首次可以行权日之间间隔不得少于 1 年，并且需要分期行权。

股份期权：行权期不得少于 2 年，行权有效期不得低于 3 年，有效期内匀速行权。

限制性股份：持股人员必须在公司服务满一定的年限，满足条件后才可能以一定的价格转让所持股份，退出持股计划；该期限可以根据持股人员岗位的重要性，以及公司发展的密切程度区别规定，短期可以为 3 年、5 年，长期可以为 10 年或以上。

（8）定条件

定条件，即如何确定股权的管理、行权条件。

股权激励并非无条件给予，而是双方共同协定的激励与约束并存。

员工想要获得股权的条件是什么？什么条件下应该变更员工的股份？员工出现哪些条件会丧失股权？员工成为正式股东后不努力工作怎么办？

股权授予条件：业绩。

行权条件：激励对象的资格符合要求，公司的主体资格符合要求。两者具备，激励对象才可以行权，获赠或购买公司股票，否则行权终止。

（9）定机制

定机制，即如何参与、调整及终止股权激励计划。

如何预防股权激励后决策无法集中？财务报表到底该不该如实给新股东看？股权激励会不会妨碍引进战略投资者？激励计划的管理机制、计划的调整机制、计划的修改与终止机制都要制定，等等。

目前市场上比较火爆的合伙制，其实是一个很好的机制，主要有三类合伙人：GP（普通合伙人）、LP（有限合伙人）、OP（内部合伙人），等等。

其实，合伙制的模式及形式多样，主要有六种：增量分红模式、虚拟股模式、实股注册模式、风险投资模式、内部交易模式、项目跟投合伙模式。

（三）阿米巴股权激励

阿米巴是一个独立核算的经营单元，并且形成金字塔结构，一个一级阿米巴包含多个二级阿米巴，一个二级阿米巴又包含多个三级阿米巴，以此类推。阿米巴股权激励，概括起来主要有以下几个关键要点。

1. 用于激励的股份来源于本“巴”

我们知道，很多时候容易把股权激励做成股权分配或股权买卖，没有激励的成分在里面。一方面是在方案中没有将行权条件与激励对象的业绩承诺关联起来；另一方面在激励对象行权购入股份之后，由于他的股份占比不大，所以他的个人业绩好坏对上市公司的股票价格的影响很难显现出来。就算不是上市公司，对公司利润的影响也不明显。

比如研发总监，通过产品合并、材料共用、生产工艺改造等方法，使得公司的产品成本全年算下来降低了500万元，但这是不是意味着公司利润增加了500万元呢？不一定，就算是增加了500万元的利润，研发总监的股份只占整个公司的0.2%，相当于其可以多得到1万元的收益，还不一定是现金分红，因为不太可能把当年的利润全部分完。这位研发总监的积极性能在多大程度上被激发出来呢？

研发总监好不容易降低了500万元成本，可是由于生产部门的错误，导致材料浪费、半成品和成品报废，结果损失了600万元。如果没有其他因素出现，公司今年肯定比去年的利润少了100万元。

而阿米巴股权激励就不一样了，研发总监的股份来自研发中心这个阿米巴，公司给你0.2%的股份，如果折算成研发中心的股份，那就可能是20%了。而且阿米巴是内部交易、独立核算的，降本得来的500万元就是研发中心阿米巴的收益。还按刚才分红的算法，可以分到 $500 \times 20\% = 100$ 万元。

也许你会问，阿米巴又不是法人实体，只是一个虚拟的经济单元，哪来的股份？这里有两种情况。

（1）虚拟股份

虚拟股份主要是针对利润分红，不对资产具有表决权。这个很容易做到。每个部门在成立阿米巴之前都需要进行资产盘点，如果是轻资产的部门，可以按前 3 年平均利润作为测算总资产的依据（方法见第六章）。有了各个“巴”的资产或估值，再参照 9D 股权激励模型就可以确定每一位激励对象在本“巴”的股份了。也就是说，股份来源于本“巴”，与同一公司的其他“巴”没有关系。

等到有一天各“巴”的虚拟股份需要转为公司的实股时，反过来折算一下即可。比如前面那位研发中心总监持有研发中心“巴”的 20% 的股份，而研发中心的资产或估值又占整个公司的 10%，那么这次总监占公司的股份就是 20% ×10% =2%。

这是自下而上的做法。

（2）注册实股

由于阿米巴不一定都是工商登记注册的法人实体，若要实施注册股东的股权激励就只能采取自上而下的做法，具体操作方法与虚拟股份相反。

比如公司统一实行股权激励，你分得了整个公司 2% 的股份，但你是归属于研发中心“巴”的，研发中心“巴”又占公司总资产或估值的 10%，那么就相当于你占了研发中心“巴”20% 的股份。但在股权激励协议中一定要明确，在不做资本变更或上市的前提下，你的股权收益只能来自于研发中心“巴”。

2. 个人股份分散在上下三级有关联的阿米巴中

笔者在另外一本书《人人成为经营者——中国式阿米巴实施指南》中特别强调过，由于阿米巴之间是内部交易、独立核算、自负盈亏，可能导致巴长过于关注短期利益、局部利益、物质利益，从而可能会损害整个公司的长期利益、整体利益、精神利益。因此，笔者提出在实施阿米巴模式时一定要加强三大平衡，即：长期利益与短期利益的平衡、局部利益与整体利益的平衡、物质利益与精神利益的平衡。

可是如何在机制中保证呢？靠大家的道德、觉悟是不行的，也不可能是长久的、普遍的。这种机制体现在多方面，笔者这里只介绍激励机制，其他方面大家可以详细阅读笔者的《人人成为经营者》和《阿米巴核能》两本书。

司马迁早在《史记》中就对人性做了精辟的分析，“天下熙熙，皆为利来；天下攘攘，皆为利往”。要一个小巴长来关心整个公司的利益，关键是怎么关心？对他有什么好处？阿米巴股权激励就能解决这个问题，我们采用的是“阿米巴三级股份模型”。比如你是一个三级巴的巴长，按照上述第①条的说法，你的股份来源于你所在的某个三级巴，那么其中一部分的股份要放到你的上级巴和上上级巴，即二级巴、一级巴里。具体操作方法详见“纵向激励”。

3. 阿米巴的股份可动态折算成公司的股份

上面虚拟股份、注册实股都介绍了阿米巴的股份在某种条件下可以自下而上折算成公司的股份，也可以将持有的公司的股份采取自上而下方式折算成你所在的阿米巴的股份。这比较好理解，操作也不难，难就难在“动态”二字。

张三、李四、王五是同一级别的三个销售区域经理，公司在进行股权激励时，大家都拿到了一样份额的股份期权，但是折算到各巴去，由于每个销售区域的资产或估值都不相等，因此每个人占各自所在区域巴的股份也就不同。这是原始的公平。3 年以后，每个区域的经营状况肯定会发生变化，从而导致每个区域巴的资产或估值相对初始时或增或减，或多增或少增。行权期到了，大家都需要有条件地购入当初承诺的股份配额，但是需要根据各区域巴现有的资产或估值来计算。如果你的区域增长较多，获得的就不止当初的股份配额，反之则少。具体操作方法详见“横向激励”。

（四）纵向激励和横向激励

我们在经营管理中经常会遇到这个问题，一个优秀的管理人员不愿意去培养新的下属，或者是一个优秀的研发人员不愿意培养新的工程师，或者是一个优秀的业务员不愿意带新的业务员，就是因为没有涉身利益。因此，我们要鼓励阿米巴去做裂变或组合，我们现在成立阿米巴，如果将来阿米巴做大了，还可以裂变延伸二级阿米巴、三级阿米巴。

由于阿米巴经营模式的特点是可以不断地分裂或合并，分裂与合并的方向有两个：一个是阿米巴横向裂变或合并；另一个是阿米巴纵向裂变或合并。如图 5 – 3 所示。

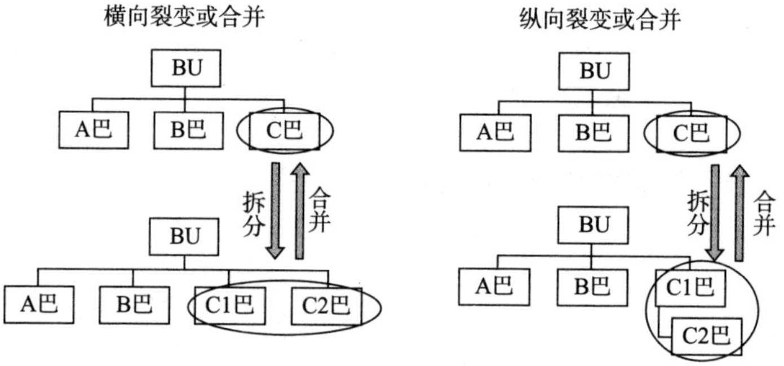

图 5 – 3　阿米巴经营模式的分裂与合并

1. 纵向激励

阿米巴可以纵向裂变或组合。在进行阿米巴股权激励时，也要分两种情况：未裂变和组合时，有裂变和组合时。

第一种情况，阿米巴未裂变和组合时。

当阿米巴组织体系处于静态的时候，也就是阿米巴的个数、级数都没有变化，也没有出现把某个二级阿米巴 A2 调到另一个一级阿米巴 B 的旗下，这时“阿米巴三级股权激励模型”操作分为五步。

第一步：确定每位激励对象在总公司的股份配额（T）。

第二步：确定垂直三个等级的阿米巴分别占股份配额（T）的比例（X_1、X_2、X_3）。

第三步：确定激励对象分别在“三级”阿米巴里的股份配额（$T_{1-3}=T\times X_{1-3}$）。

第四步：确定各巴的净资产或估值（G_1、G_2、G_3）。

第五步：确定激励对象分别在“三级”阿米巴里的股份占比（$Y_{1-3}=T_{1-3}\div G_{1-3}\times 100\%$）。

下面详细介绍这五步的思考要点与操作细节。

（1）确定每位激励对象在总公司的股份配额（T）

股份配额的方法请参考“9D股权激励模型”，在此就不再详述了。总之，通过技术手段得出以下人员可以获得公司股份期权的配额结果(局部)。如表5－7所示。

其中，营销副总裁吴××、华南销售区总经理钱××、广东省销售经理李××是纵向垂直的管理关系。

（2）确定垂直三个等级的阿米巴分别占股份配额（T）的比例（X_1、X_2、X_3）

前面我们介绍了实施阿米巴模式的“三大平衡”，其中一个是“局部利益与整体利益的平衡”。怎么在机制上保证营销副总裁吴××会主动关心营销系统以外各巴的利益及整个公司的利益呢？因为阿米巴模式是内部定价交易、独立核算的，似乎在引导各巴长只关心自己，只关心短期，为什么这样说呢？我们先看看阿米巴模式的几个要点。

定价交易：生产中心的每一个产品都是通过定价卖给营销中心的，如果生产中心浪费了材料、报废了半成品、成品，即生产中心增加了成本，但卖给营销中心的价格是不变的。

独立核算：营销中心的核算公式是“销售收入－商品成本－营销费用－税金－其他相关费用＝销售利润”，而商品成本是与生产中心事先就定好了的。因此，生产中心成本的增加是不会影响营销中心的利润的。

表 5－7　激励对象在总公司的股份配额（T）

组织类型	职务或巴名	姓名	赠予股份		现金购买		期权	公司配股总数 A（万股）
			工资（年）	配股（1 万股/年）	职等	根据职等配股	期权与职等 1：1	
公司总部	常务副总裁	周××	7	7	一	100	100	207
营销系统	营销副总裁	吴××	5	5	二	90	90	185
	华南销售区	钱××	3	3	三	80	80	163
	广东省销售区	李××	4	4	四	70	70	144
生产系统	生产副总裁	王××	4	4	三	80	80	164
	制造部经理	刘××	6	6	四	70	70	146
	零件车间主任	陈××	4	4	五	46	46	96

从以上两点来看，如果你硬要把营销副总裁的股份分一部分给总公司，或者分一部分给生产中心，似乎有点牵强，分出去的那部分股份的收益与吴××的主观努力没有关系。

因为老板想实施“三级股权激励模型”，你总得给出一个合情合理的说法。事实上，人与人之间的矛盾冲突大部分是来自观点、理念的冲突，只要把话说明白了，大家都理解并接受了，也就相安无事了。说服力是任何一位领导者、管理者必修的功课。

现在我们就一起来给吴××一个说法，让他接受“三级股权激励模式”，同意把自己一部分的股份放在总公司或生产中心。目的是让吴××除了关心本巴利益，还要关心整个公司的利益，这样就可以预防或减少他为了有利于营销系统巴而做出有损于整个公司的事情。我们给出的理由如下。

A. 大河里没水小河里干

如果只有营销中心盈利1000万元，而采购中心、研发中心、生产中心、物流中心等都亏本，而且加起来亏本了1200万元，那就意味着整个公司亏损了200万元。也就是说，整个公司都处于难以维持的危险境地，你拿资金、拿本巴的股份分红还能拿多久？我们并不是要搞平均主义，允许一部分人先富裕起来，个别中心亏损或者没有达到利润指标，他们拿不到奖金、拿不到股份分红是有可能的，但首先得保证公司的存续、公司的安全。

B. 一条绳子上的蚂蚱

营销中心之所能够盈利，主要原因也是营销4P做得好，但是不要忘记，4P中的产品（Product）、价格（Price）就是公司的各个中心、各个部门共同作用的结果，营销中心最多在渠道（Place）、宣传（Promotion）上相对独立完成工作。研发中心没有好的产品，营销中心能把黄土卖成黄金吗？采购、制造的成本高了，无论怎么内部定价，最终也是要转移到产品上的。这样一来，销售毛利就低了。如果想保持内部产品没涨价之前的毛利率，即售价也涨，势必会增加渠道、宣传上的费用，或者竞争压力大大增加，甚至也完成不了销售任务，达不到营销中心的利润目标。

所以，营销中心能够盈利，是不是也有研发中心、生产中心、采购中心等兄弟单位的一份贡献？

C. 不要把鸡蛋放在一个篮子里

生产中心报废了那么多半成品、成品也只是偶然的，只要保持在正常损耗比例、及时完成交货，他们的盈利还是比较稳定的，风险不大，因为在内部交易定价时，这个定价是包含了一个正常损耗比例的。营销中心虽然有时候盈利较多，但风险也大。谁敢保证广告做得越多，产品售价就一定越高？谁敢保证让利给代理商越多，销量就一定越大？万一营销中心亏损而整体公司有盈利呢？人家的奖金、分红那么多，你却口袋空空，你还能不能保持斗志就难说了。就算你还有斗志，你的团队成员呢？

吴××同意了老板的观点，但他还问了两个问题：一是跨越的级数：要跨多少级？是不是每位激励对象的股份都要放一部分在总公司？二是各级的比例：我的股份配额总数中，总公司放多少？我所在的阿米巴放多少？

这正是我们设计方案要考虑的事，如果老板回答了吴××为什么要这么做、如何做的疑问，那么吴××下面的营销兄弟们就让吴××拿着图5-4去说服老板。

第一，跨越的级数。

根据笔者多年的咨询经验、若干咨询案例得知，最多跨越三级。也就是从你所在的巴算起，往上数三个行政级别，并且是直系的。

假设你是广东省级销售经理，那么往上数三级阿米巴组织垂直关系就是：广东省巴→华南区巴→营销中心巴，再往上就是总公司了，不需要。

假设你是华南区总经理，那么往上数三级阿米巴组织垂直关系就是：

华南区巴→营销中心巴→总公司。

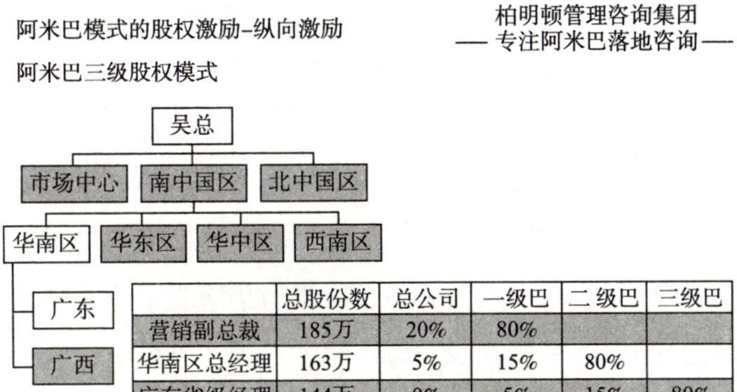

	总股份数	总公司	一级巴	二级巴	三级巴
营销副总裁	185万	20%	80%		
华南区总经理	163万	5%	15%	80%	
广东省级经理	144万	0%	5%	15%	80%

图 5－4　营销系统三级股权激励各级比例

假设你是营销中心副总裁，那么往上数就只有两级了：营销中心巴→总公司，不需要硬造一个三级阿米巴。

总有人问为什么只是三级而不是四级或者两级阿米巴？管理学并不是纯粹的数学，所以这个问题就不应该这么问。因为当我说是四级时，你同样可以问“为什么是四级而不是三级或五级？当然，首先我说明这是一个经验判断值，但也不是空穴来风，因为经验值告诉我们，大多数人最多只能关注到往上三级的关系。你想想看，广东省销售经理都是属地招聘的，一年到头都难得回总公司一次，接触到的最大的领导是营销副总裁，最多是在几百人参加的年会宴席上远远地望见过老板，哪里能产生多深的感情？更别说研发副总裁、生产副总裁了。

第二，各级的比例。

确定三级关系之后，就要将你的总股份按一定的比例配置给每个级别。分别配置多少呢？这也是个经验值，但会把形成经验值的思维逻辑告诉读者，“授之以鱼，不如授之以渔”。这样就等于不仅给读者一条鱼，还给了捕鱼的工具与方法。

渔：原则上，你所在巴的业绩优劣与上级、同级的相互关联、相互影响越深，你放出去的比例就越大；反之就越小。

广东省销售业绩好不好与他的顶头上级华南区的相互关联、相互影响深不深？我猜你可能会回答“很难讲、看情况、不一定”。我们对一件事进行是非、优劣判断时，通常有两种方法：一种是标尺对照法（标杆法），另一种是强迫分布法（对比法）。如果从标尺上无法得出上述问题的答案，就只能提出一个对比的事例才能判断。假如某五金生产车间分为裁断、焊接、打磨、喷涂四个工段，他们之间是工序的上下游关系。对比广东与广西的兄弟关系、广东与华南的子母关系而言，裁断与焊接、打磨的兄弟关系，裁断与车间主任的子母关系，后者之间的相互关联、相互影响要深得多。

鱼：直接给你一条鱼，甚至是直接就能吃的红烧鱼。

先假设你获得的股份配额是100%，三级股份比例分配参考如表5－8所示。

表5－8　经营关系深浅与三级巴的股份占比

	本巴 X_1	上级 X_2	上上级 X_3	合计
与本巴经营关联较浅的关系	80%	15%	5%	100%
与本巴经营关联较深的关系	60%	30%	10%	100%

在表5－7的基础上，根据表5－8规定的数据，就可以延伸出表5－9（阴影部分为新增）。

（3）确定激励对象分别在三级阿米巴里的股份配额（$T_{1-3}=T\times X_{1-3}$）

大多数公司在实施阿米巴三级股权激励时，一般都会采用自上而下的做法，这样比较容易达成初始化时期的公平，因为每个人的股份配额都是参照公司总股本数这同一基数的，这样也方便把握股权激励对象之间的横向对比、纵向对比的公平性。根据表5－9的数据，我们可以直接计算出每一位激励对象在本巴、上级巴、上上级巴的具体配股数（阴影部分为新增）。如表5－10所示。

表 5－9　垂直三个级别的阿米巴分别占个人总配股的比例

组织类型	职务或巴名	姓名	赠予股份		现金购买		期权	公司配股	本巴		上级巴		上上级巴	
			工龄（年）	配股（1万股/年）	职等	根据职等配股	期权与职等 1∶1	总数 A（万股）	本巴名称	占总配股 C＝规定	上级巴名称	占总配股 E＝规定	上上级巴名称	占总配股 H＝规定
公司总部	常务副总裁	周××	7	7	一	100	100	207	公司	100.00%	0	0	0	0
营销系统	营销副总裁	吴××	5	5	二	90	90	185	营销中心	80.00%	公司	20.00%	0	0
	华南销售区	钱××	3	3	三	80	80	163	华南区	80.00%	营销中心	15.00%	公司	5.00%
	广东省销售区	李××	4	4	四	70	70	144	广东省	80.00%	华南区	15.00%	营销中心	5.00%
生产系统	生产副总裁	王××	4	4	三	80	80	164	生产中心	80.00%	公司	20.00%	0	0
	制造部经理	刘××	6	6	四	70	70	146	制造部	60.00%	生产中心	30.00%	公司	10.00%
	零件车间主任	陈××	4	4	五	46	46	96	零件车间	60.00%	制造部	30.00%	生产中心	10.00%

表 5－10　激励对象分配在垂直三个级别的阿米巴的具体股数

组织类型	职务或巴名	姓名	赠予股份		现金购买		期权	公司配股总数 A（万股）	本巴			上级巴			上上级巴		
			工龄（年）	配股（1万股/年）	职等	根据职等配股	期权：职等 1：1		本巴名称	占总配股 C = 规定	股数 D = A×C	上级巴名称	占总配股 E = 规定	股数 F = A×E	上上级巴名称	占总配股 H = 规定	股数 I = A×H
公司总部	常务副总裁	周××	7	7	一	100	100	207	公司	100.00%	207	0	0	0	0	0	0
营销系统	营销副总裁	吴××	5	5	二	90	90	185	营销中心	80.00%	148	公司	20.00%	37	0	0	0
	华南销售区	钱××	3	3	三	80	80	163	华南区	80.00%	130	营销中心	15.00%	24	公司	5.00%	8
	广东省销售区	李××	4	4	四	70	70	144	广东省	80.00%	115	华南区	15.00%	22	营销中心	5.00%	7
生产系统	生产副总裁	王××	4	4	三	80	80	164	生产中心	80.00%	131	公司	20.00%	33	0	0	0
	制造部经理	刘××	6	6	四	70	70	146	制造部	60.00%	88	生产中心	30.00%	44	公司	10.00%	15
	零件车间主任	陈××	4	4	五	46	46	96	零件车间	60.00%	58	制造部	30.00%	29	生产中心	10.00%	10

三个级别每巴的具体配股数量 = 公司配股总数 × 分配到各级巴的占比

从表 5 – 10 可以看出，公司配股总数相等的两个人，如果不是同一系统的同事，他们各自留在本巴的股份、放在上级巴的股份也是不同的。比如广东省销售区的李 × ×、制造部经理刘 × ×，他们在公司层面的配股总数都是 140 万股（工龄赠与股份除外），但李 × × 留在广东巴的股份是 115 万股，而刘 × × 留在制造巴的股份则是 88 万股。

（4）确定各巴的净资产或估值（G_1、G_2、G_3）

因为要把激励对象持有总公司的股份按一定比例分别计入三级阿米巴，就需要知道每个阿米巴的净资产或估值。净资产看报表就知道了，对公司估值的方法前面已经介绍，对一个阿米巴的估值方法也是一样的，就不再详述了。在表 5 – 10 的基础上直接延伸得出表 5 – 11（阴影部分为新增）。

（5）确定激励对象分别在“三级”阿米巴里的股份占比（$Y_{1-3} = T_{1-3} \div G_{1-3} \times 100\%$）

张三、李四在总公司得到股权激励配股总数 $Z_1 = Z_2$股，且是同一系统的两个同事，他们留在总部的股数是一样多的 $X_1 = X_2$股，剩下的都配置在自己所在的巴股数（假设这两个激励对象只有分两级持股）也是 $Y_1 = Y_2$股。但由于张三、李四分别所在本巴的资产或估值不同 $T_1 \neq T_2$，所以 $Y_1/T_1 \neq Y_2/T_2$。也就是说，张三、李四虽然分别在自己的本巴中所持有的股数是相等的，但他们所占的股份比例是不同的。根据这个原理，我们在表 5 – 11 的基础上就很容易算出激励对象分别在三级阿米巴里的股份占比（阴影部分为新增）。如表 5 – 12 所示。

第二种情况，阿米巴有裂变和组合时。

表 5-11　各巴净资产或估值

组织类型	职务或巴名	姓名	赠予股份		现金购买		期权	公司配股总数A（万股）	所在巴估值B	本巴			上级巴			上上级巴		
			工龄（年）	配股（1万股/年）	职等	根据职等配股	期权：职等1:1			本巴名称	占总配股C=规定	股数D=A*C	上级巴名称	占总配股E=规定	股数F=A*E	上上级巴名称	占总配股H=规定	股数I=A*H
公司总部	常务副总裁	周××	7	7	一	100	100	207	10350	公司	100.00%	207	0	0	0	0	0	0
营销系统	营销副总裁	吴××	5	5	二	90	90	185	5417	营销中心	80.00%	148	公司	20.00%	37	0	0	0
	华南销售区	钱××	3	3	三	80	80	163	1925	华南区	80.00%	130	营销中心	15.00%	24	公司	5.00%	8
	广东省销售区	李××	4	4	四	70	70	144	1117	广东省	80.00%	115	华南区	15.00%	22	营销中心	5.00%	7
生产系统	生产副总裁	王××	4	4	三	80	80	164	2898	生产中心	80.00%	131	公司	20.00%	33	0	0	0
	制造部经理	刘××	6	6	四	70	70	146	1768	制造部	60.00%	88	生产中心	30.00%	44	公司	10.00%	15
	零件车间主任	陈××	4	4	五	46	46	96	603	零件车间	60.00%	58	制造部	30.00%	29	生产中心	10.00%	10

表 5-12　三级阿米巴股权激励数据表

组织类型	职务或巴名	姓名	赠予股份		现金购买		期权	公司配股总数 A（万股）	所在巴估值 B	本巴 S_0				上级巴 S_1				上上级巴 S_2				还原验算
			工龄（年）	配股 1 万股/年	职等	根据职等配股	期权：职等 1:1			本巴名称	占总配股 C = 规定	股数 D = A * C	占本巴股份 E = D/B	上级巴名称	占总配股 E = 规定	股数 F = A * E	占本巴股份 G = F/S_1 估值	上上级巴名称	占总配股 H = 规定	股数 I = A * H	占本巴股份 J = I/S_2 估值	公司配股总额 K = A = D + F + I
公司总部	常务副总裁	周××	7	7	一	100	100	207	10350	公司	100.00%	207	2.00%	0	0	0	0	0	0	0	0	207
营销系统	营销副总裁	吴××	5	5	二	90	90	185	5417	营销中心	80.00%	148	2.73%	公司	20.00%	37	0.36%	0	0	0	0	185
	华南销售区	钱××	3	3	三	80	80	163	1925	华南区	80.00%	130	6.77%	营销中心	15.00%	24	0.45%	公司	5.00%	8	0.08%	163
	广东省销售区	李××	4	4	四	70	70	144	1117	广东省	80.00%	115	10.31%	华南区	15.00%	22	1.12%	营销中心	5.00%	7	0.13%	144
生产系统	生产副总裁	王××	4	4	三	80	80	164	2898	生产中心	80.00%	131	4.53%	公司	20.00%	33	0.32%	0	0	0	0	164
	制造部经理	刘××	6	6	四	70	70	146	1768	制造部	60.00%	88	4.95%	生产中心	30.00%	44	1.51%	公司	10.00%	15	0.14%	146
	零件车间主任	陈××	4	4	五	46	46	96	603	零件车间	60.00%	58	9.55%	制造部	30.00%	29	1.63%	生产中心	10.00%	10	0.33%	96

阿米巴纵向裂变就是一代一代往下延伸，产生新的阿米巴，并且总体趋势上，下一代阿米巴的数量会多于上一代，这也是阿米巴经营模式为什么能够使得企业做大、做久的根本原因之一。这有点像家谱世系图（当然家谱世系是不可组合逆转的）。如图 5－5 所示。

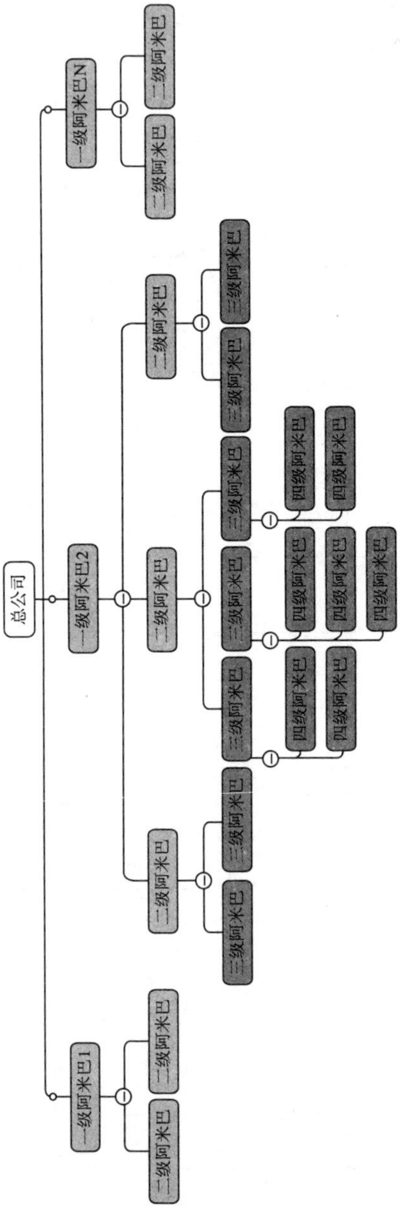

图5-5 阿米巴纵向裂变

公司如果有条件，当然是鼓励各级阿米巴不断延伸、裂变。如何鼓励他们这么做呢？具体方式、方法详见笔者的两本书《人人成为经营者》《阿米巴核能》，这里主要是介绍延伸、裂变时的股权激励。传统的思想是“你先好好做，我不会亏待你的”，西方思想则是“你先把不会亏待我的规则明确下来，我一定会好好做的”。

阿米巴延伸、裂变时，对原巴长、新巴长及核心人员的激励方式有三种做法。

第一种，均由总公司控股。

如图 5 – 6 所示，表示每延伸、裂变一级，该阿米巴的合伙人都为三者，而且股份比例也一致规定，即新延伸、裂变出去的本巴巴长和核心人员占本巴股份的 20%、上级巴占 10%、总公司占 70%。不管延伸、裂变多少级，股权激励永远只激励到“父辈”，“祖辈”就不享有“孙辈”的股份。但阿米巴经营报表是一级一级往上合并的，如果“孙辈”做得好，“祖辈”也是有成果的。

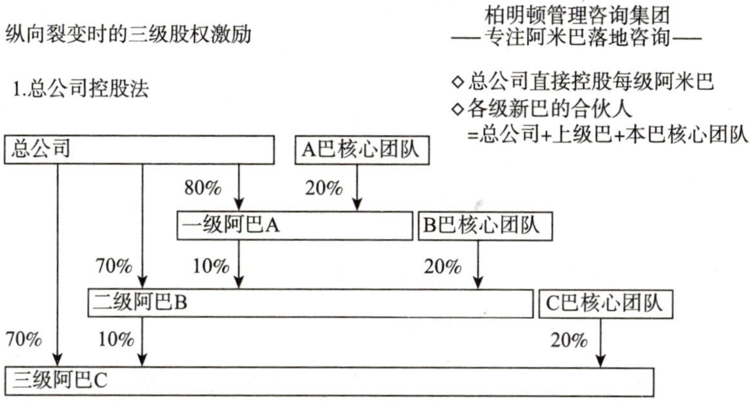

图 5 – 6　总公司控股法

（1）该方法适用的企业或行业的特点

①必须由总公司加强管控，一般过于放松，就可能导致产品和服务质量出现不良的问题，甚至商誉受损。属于集团管控模式中的“操作

管控”。比如麦当劳，总公司对商标、原材料、辅料、加工工艺等都是有严格限制的。

②在日常经营、管理、操作过程中，可复制性、标准化程度较高，下级阿米巴不需要太多的自由、创新。如来料加工企业、OEM 代工厂等，试想一下，品牌企业将生产加工发包给你，肯定要严格监管，如果你又发包给丙方、丙方甚至发包给丁方，质量还可信吗？

③市场竞争不算激烈，最多是“数量”级的竞争，即竞争的手段、方式也都属于普通性、常规性的，并不需要各个下级阿米巴根据复杂的竞争情况而自主策划。比如很多品牌公司的直营连锁店就属于这种，不想失去流通领域的利润，更重要的是担心加盟店卖假货。

（2）该方法的优点

管控较严，公司的安全系数较高，包括资产的安全、经营的安全，甚至对于员工抱团辞职创业的同行也能起到一定的预防作用。

（3）该方法的不足

①上面 B 点讲了安全系数较高，那是从自上而下的角度来看的，反过来，自下而上就不安全了。因为任何一个子公司、孙公司都是由总公司控股的，如果下面发生重大错误，就会追责到总公司，由总公司来承担。没有防火墙，这也是很危险的。

②由于管控权收归总公司，削弱了中间层的力量。如果总公司的管理能力不足以支撑因为扁平化后而显得庞大的组织时，一旦决策错误、出现重大闪失，很容易土崩瓦解。

③因为决策权都在总公司，下面的灵活性差。虽然上面讲了适用这种方法的行业特点就是竞争方式比较简单（如降价），但有时候也需要因地制宜采取一些特殊的政策。

第二种，均由上级阿米巴控股。

如 5 - 7 图所示，新延伸、裂变出去的本巴巴长和核心人员占本巴股份的 20%，这一点与上面那种做法、配股是一致的，但它均由“父辈”控股80%，毕竟只有鼓励“父辈”才能延伸出下一代。当然也可以从“父辈”的股份中分出一部分给“祖辈”，比如父辈占60%、祖辈占20%。

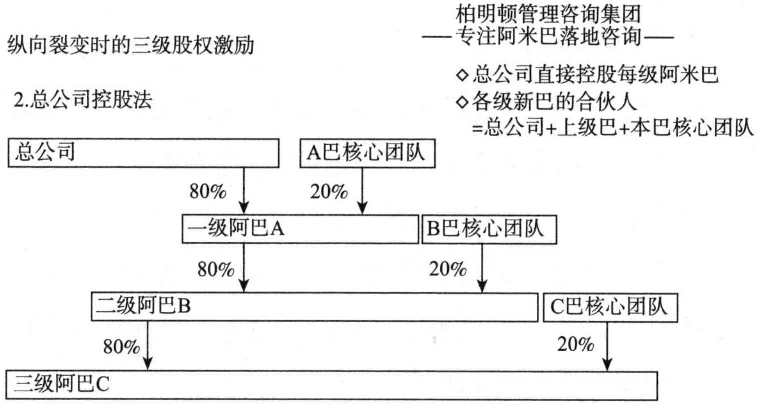

图5－7　上级巴控股法

该方法适用的企业或行业具有什么特点？该方法具有哪些优点？具有哪些不足？对照第一种方法，反过来就差不多了，不再多花笔墨描述。

第三种，动态激励。

我们在做咨询项目时，往往还会加上一个时间维度，形成动态激励。比如第一种、第二种方法，都是新伸延、裂变的巴长及核心人员占本巴股份的20%，这是指初始化刚刚成立新巴的时候，随着时间推移、加上业绩考核，如果新巴经营得非常好，是可以提高这个比例的。最多可以提高到什么程度没有标准答案，主要考虑以下几点。

（1）生产力的关键要素

我们可以引用马克思《资本论》的观点，即决定生产力的三大要素分别为劳动力（人）、劳动资料（工具）、劳动对象（材料与产品）。不同的行业、企业，对于三者的权重是有很大区别的。

劳动力：很多轻资产行业，如互联网行业、咨询培训行业、广告策划行业、经纪中介行业等，主要依赖于人的智力。很多时候，企业中的张三、李四都是具有不可替代性的，而这类企业一旦启动后进入经营的正轨，资本的价值变更几乎微乎其微，那么给员工的股份比例为 20% ~80%。

劳动资料、劳动对象：也就是所谓的重资产行业，在这些行业里，并不是说劳动力（人）不重要，而是说资本、社会关系的权重相对轻资产行业增加了，那么劳动力（人）的权重自然就减少了。比如在“双轨制经济”时代，谁能拿到政府批文（社会关系），谁就能快速发展；曾经的房地产行业，谁能拿到土地（资本 + 社会关系），谁就能快速发展。而重要的社会关系的缔结，往往只有老板一两个人才能搞定，给员工那么多的股份有什么价值？

（2）大股东的意愿与胸怀

股份的让渡也跟大股东的意愿与胸怀有关，有的是主动愿意的，有的是被动选择的。笔者从事管理咨询 20 多年，经常会遇到这样的案例。

主动愿意的：有的老板想，我的投资回报已经赚了很多，经营企业的内动力已经不再是追求财富、名誉，而是一种责任，尤其是跟着我打拼多年的弟兄们。他们还年轻，个人和家庭也都需要增加收入，甚至也要考虑给他们一个有安全稳定经济收入的退休生活。事实上，这些年的利润主要是靠他们努力创造出来的，就多让一点股份。

被动选择的：老板年纪大了，精力有限，或者厌倦了商海生活；小孩学历高，甚至从海外留学回来，他们不愿意继续从事上一代的传统产业，有自己的追求和想要的生活。而上市公司毕竟数量有限，因此又不能让资产进入资本市场。眼见后继无人，总不能就这么关闭或让企业衰退下去，与其如此，还不如多给优秀员工一些股份，让他们一心一意把企业的大旗扛下去，否则也有可能导致人才流失。

（3）制度保障

不管是出于哪种原因，大股东不断让渡股份给核心经营团队，我们都必须通过机制、制度来保障，否则就容易“赔了夫人又折兵”。通常要注意几个关键点。

①有条件的让渡

股份让渡是必须设置条件的，不能让激励对象有“天上掉馅饼”的感觉，这样就很难起到激励作用。笔者在《9D 股权激励模型》中详细介绍了很多做法，这里就简单说说两个条件：时间、业绩。

时间：不要一次性让渡太多，分成若干年慢慢让渡。

业绩：激励对象必须达到什么业绩条件，才能行权获得用于激励的股份。

②让股不一定让权

前面已经介绍过，股份是指多少，股权是指大小。公司章程、股东协议、合伙人机制等，如果没有另行明确规定，那么一般情况都是股份多少与股权大小成正比的。本书讲述的合伙企业或合伙人机制，合伙人之间具有更高自由的约定的权力。

刚开始时，大股东可以逐渐增大核心经营团队的分红比例，但不一定需要去做股权变更。当然，这也是通过制度明确下来的，不可以是大股东心血来潮的口头承诺。

就算是到后来经营团队的股份已经超过 50%（相对控股）甚至超过 67%（绝对控股），但是在重大事项表决权上，原来的大股东可以具有一票否决的权力，即“毒丸计划”。这要在合伙人协议中写清楚，动用“一票否决”权力的事项也要列个清单，否则原有大股东动不动就“一票否决”，经营团队该怎么做？

2. 横向激励

前面已经介绍了纵向激励，主要是往下延伸，他们的关系就像是俄罗斯套娃，小娃总在大娃范围内。而横向激励则是并列关系的两者或多者进行比较后进行的激励，也是一种动态激励。这让笔者想起了一个故事，刚好可以解释“横向动态激励”的核心内容。

某个富翁有三个儿子，本想把家产一分为三让他们继承，可是富翁想，如果某个儿子经营不善，那么分再多的家产给他也是会被败光的，那就不是 1+1+1>3 了。不行，得让懂得经营的儿子多分一点，反之就少分一点。于是，富翁就把三个儿子找来，把他的观点向三个儿子说清楚，三个儿子也都认同。具体方法就是：每个儿子都从富翁那儿拿到同样多的钱，自己去经营，3 年以后看谁赚的钱多，再按赚钱多少的比例来分配家产。比如老大赚了 100 万元、老二赚了 200 万元、老三赚了 300 万元，那么老大就分 1/6 的家产、老二就分 1/3 的家产、老三就分 1/2 的家产。

所以，动态横向激励模式的核心内容可以归纳为以下几个要点。

（1）赛马机制——同一起点

股权激励初始化时，为了公平起见，我们往往根据三个要素来给每位激励对象配额一定数量的股份：工龄（过去）、岗位价值或职务等级（现在）、与绩效目标关联的期权（未来），这样一来，大家的起点应该算是比较公平的。

（2）续动态——不吃老本

①工龄的差异

这是永远无法弥补的，大家都是同步位移，你比你弟弟大 5 岁，就永远是大 5 岁。所以，入职早的，在这方面永远比入职晚的人股份配额要多，在时间面前，大家都没意见。

②职务的高低

这是动态的，现在张三是经理级，李四是主管级，张三比李四高，但两三年以后就不一定了，只要李四不是张三的直辖部属，也就是不在同一部门、同一系统，那么李四的职务等级高于张三是完全有可能的。这时，如果张三在职务配股上比李四高，李四当然会不开心，心里就会嘀咕："公司的制度总是看老黄历，就不能适时调整吗？要与时俱进。"

③业绩的好坏

这也是动态的，更能体现差异，无论是激励对象个人还是他所在的阿米巴。前面我们介绍过了“三级阿米巴股权激励模式”，每个激励对象都是各自所在阿米巴的巴长或核心成员，对于所持本巴股份的分红是多是少，不会有太多的异议，利润不多，分红就少。问题是还有一部分股份不是本巴的，那么其他业绩好的巴就不太开心了，他们一定会提出“贡献多者多得，重新分配”的要求。

横向动态股权激励的操作步骤如下。

第一步：确定在公司层面的股份总配额。

第二步：确定在三级阿米巴的分配比例。

第三步：确定动态调整的要素与权重。

第四步：重新分配留在总部的配股。

下边详细讲解一下四步的思维与操作细节，思维是“渔”，操作是“鱼”。

第一步：确定在公司层面的股份总配额。

第二步：确定在“三级阿米巴”的分配比例。

以上两步完全可以参照“纵向激励”中的“第一种情况，阿米巴未裂变和组合时”的第一步到第五步，可以得出表 5 - 13。

甲、乙、丙、丁四个阿米巴是属于同一个上级巴的四个并列单位，且性质相同。从表中的数据 A 和数据 E 可以看出，虽然他们各自所在阿米巴净资产不等，但公司给他们的配股总数是一样的 75 万股（数据 E）。前面已经讲过了起点公平，因为他们现在所在巴的规模大小并一定完全是他们个人的成就，说不定有的刚刚调过去当巴长。

表 5－13　股权激励初始化数据

巴别	各巴净资产或估值（万元）A	各巴股本数（万股）B	股价（元）C = A/B	各巴占总公司资产 D = A/3000	一级巴长配股		留在总公司的配股数量占个人配股 ×20%		留在本巴里的配股数量占个人配股 ×80%	
					配股（万股）E = 规定	占总公司股比 F = E/3000	股数 G = E ×20%	占总公司比 H = G/3000	股数 I = E − G	占本巴的股份 J = I/A
甲巴	600.00	600	1.00	20.00%	75.00	2.50%	15.00	0.50%	60	10.00%
乙巴	700.00	700	1.00	23.33%	75.00	2.50%	15.00	0.50%	60	8.57%
丙巴	800.00	800	1.00	26.67%	75.00	2.50%	15.00	0.50%	60	7.50%
丁巴	900.00	900	1.00	30.00%	75.00	2.50%	15.00	0.50%	60	6.67%
合计	3000.00	3000		100.00%	300.00	10.00%	60.00	2.00%		

减去留在总部的配股（数据 G）之后，他们四人留在本巴的配股也是一样多的（数据 I），但由于各巴的净资产不同，所以折算下来，他们占各自所在巴的股份比例就不同了（数据 J）。这时，他们四人的收益是高度一致的。

第三步：确定动态调整的要素与权重。

一年后，四个巴的净资产或估值已经发生了变化，即从表 5 - 14 中的数据 A 变成数据 B 了。从增值金额来讲，有多有少；从增值幅度来看，有高有低。由于四个巴的基数 A 不同，所以增值金额多的巴不一定就是增幅高的巴，反之亦然（数据 C 和 E）。

表 5 - 14　经营一年后变化的数据

巴名	各巴净资产或估值期初数据 A	经营一年后各巴净资产或估值 B	增长金额		增长比例
			增长金额 C = B - A	占增长总金额的比例 D = C/TD	增长比例 E = C/A × 100%
甲巴	600.00	680.00	80.00	22.50%	13.33%
乙巴	700.00	780.00	80.00	22.50%	11.43%
丙巴	800.00	892.00	92.00	25.88%	11.50%
丁巴	900.00	1003.50	103.50	29.11%	11.50%
Total	3000.00	3355.50	355.50	100.00%	11.85%

预料一定会发生的事情终于如期发生了！在股权激励的结构上（过去、现在、未来）老板已经很科学、很公平地把大家放在同一起跑线上，至于谁会跑得更快、更久、更远，那就是赛马不是相马了。不管是增值多的还是增幅大的，都意味着给公司的贡献更大，如果还按起跑线的规定给他们同样的报酬，这显然不科学、不公平，于是就需要调整。

由于激励对象的一部分股份是留在他所在的本巴的，他在本巴的股份占比没有变，那么其收益就会随着本巴的增值而同比例增长。因此，这部分是不需要调整的（表 5 - 13 的数据 H 和 I）。那么，需要调整的部分就是非本巴的部分（表 5 - 13 的数据 E）。

动态调整需要参考的要素主要就是“增长的金额（利润或资产）”和“增长的幅度”。

两者虽然不矛盾，甚至是相辅相成的，但在现实操作中还是有所侧重的。如果只是考虑“金额增长”这一要素，那么原来基数较小的巴吃亏的概率极高；反过来，如果只是考虑“增长的幅度”这一要素，那么原来基数较大的巴吃亏的概率极高。因此，需要对这两个要素加权。

笔者在讲课或做咨询项目的时候，也会有人问，能不能将“金额增长”与“增长幅度”这对要素改为“利润增长”与“收入增长”？这样我们就比较好把握它们的权重，也就比较容易把握什么时候要“利润”，什么时候要“规模”。乍一听有道理，但是被笔者否定了，因为这里主要是用来调整激励对象留在公司总部股份多少的，并不是常见的绩效考核指标。决定一家企业的股本数和每股价格的，往往是资本规模而不是收入模块，因为收入再多，企业也有可能是亏损的。从这个角度来说，收入再多也有可能是虚假的繁荣。

那么，哪个要素更重要、权重更大呢？笔者想这也是动态的。权重的数学模型有很多种，但现在最常用的还是经验估计法。虽然是根据经验估计的，但绝对不是无源之水。根据笔者多年的咨询经验，通常需要参考以下几个方面。

A. 企业发展的阶段

一般说来，企业的初创期由于收入、利润的基数不大，而且急需资金快速发展，因此更看重“金额增长”。另外，如果基数太小，就算“增长幅度”达到 300%，也有点自我安慰的感觉，意义不大。反之，如果企业到了快速发展阶段，那么“增长幅度”就更重要。表 5 - 15 是笔者的经验估计值，以供参考。

表 5－15　企业不同发展阶段两种增长的权重

	初创期	发展期	成熟期	衰退期
金额的增长	70%	30%	60%	50%
幅度的增长	30%	70%	40%	50%

B. 企业现有的规模

这个比较容易理解，一般来说，企业大到一定规模以后，其增长的幅度是不大的，当然是看重金额增长，反之亦然。表 5－16 的经验估计值以供参考。

表 5－16　不同规模的企业两种增长的权重

	小微	小型	中型	大型和超大型
金额的增长	70%	60%	50%	70%
幅度的增长	30%	40%	50%	30%

C. 企业竞争态势

行业竞争态势也会影响企业是关注“金额增长”还是“增长幅度”，表 5－17 的经验估计值以供参考。

表 5－17　行业竞争态势与两种增长的权重

	潜伏摸索期	无序竞争期	快速发展期	成熟稳定期
金额的增长	30%	40%	50%	60%
幅度的增长	70%	60%	50%	40%

D. 企业处于特殊阶段

行业特点与行业竞争态势常常很难被某一两家企业改变或左右，就算在相同的外部环境下，每家企业都会有它的某一阶段的特殊性，这将决定着它们在这个阶段是偏向于“金额的增长”还是“增长的幅度”。

我们以资本运作为例，天使投资阶段、风险投资阶段、私募股权投资阶段、上市后股票投资阶段，不管是哪个阶段，投资者都没打算将其所投资的资本长期放在这家企业，他们唯一追求的就是等股价涨了将股份卖掉。股价怎么才会涨呢？这个问题很复杂，但归根结底，如果买的人多而卖的人少，那么股票就涨价。为什么会有很多人想买你们家的股票呢？因为他估计现在买进，过段时间卖出，这期间肯定会涨价。他凭什么估计呢？除了概念炒作之外，就看增长的幅度了。

比如有一家100亿元资产的A企业，每年增长5亿~8亿元，增幅为5%；另有一家5亿元资产的B企业，每年增长1亿~2亿元，增幅为20%~25%，那么你会投资A企业还是B企业？答案是显而易见的。反过来思考，如果企业正处于吸引外部投资的阶段，他们肯定要对投资者投其所好，这时“增长的幅度”比“金额的增长”重要得多。

第四步：重新分配留在总部的配股。

从表5－13可以看出甲、乙、丙、丁四人留在公司的总配股是60万股（数据G），平均每人15万股，现在由于每个人的贡献不同，所以我们要打破这个平均（留在本巴的股份不需要动）。在第三步里已经介绍了影响重新配股的要素与权重，而且这个权重是动态的，不是一成不变的。随着“金额”与“幅度”这两个要素的权重变化，四个人重新分配到的留在总公司的配股也是会变化的。

权重的作用就是用来二次划分这60万股的，如表5－18所示。当“金额”与“增幅”的权重为4∶6时，按甲、乙、丙、丁各自增长金额与“增长总金额”的占比来二次划分24万股；按各自增长的幅度与“平均增长幅度”的比例来二次划分36万股，由此可以得出表5－19的数据（计算公式已在表中注明，就不多做解释了，读者可以通过公式来理解其中的逻辑）。这时可以看出，四人留在公司总部的配股由各人15万股已经改变为表5－17中的数据J了，这就打破了“吃老本”的平均主义，起到了动态激励的效果。

表 5 - 18　权重变化时二次划分的配股变化对照表

要素 \ 权重	金额：幅度 = 1：9 时		金额：幅度 = 2：8 时		金额：幅度 = 3：7 时		金额：幅度 = 4：6 时		金额：幅度 = 5：5 时	
	权重	分配	权重	分配	权重	分配	权重	分配	权重	分配
增长金额	10%	6 万股	20%	12 万股	30%	18 万股	40%	24 万股	50%	30 万股
增长幅度	90%	54 万股	80%	48 万股	70%	42 万股	60%	36 万股	50%	30 万股

表 5－19　当金额 ： 增幅 =4 ：6 时配股调整表

巴名	各巴净资产或估值期初数据 A	经营一年后各巴净资产或估值 B	增长金额		增长比例	留在总部需要重新分配 60（万股） F = 60 万股				重新分配后个人在总部的股份数 J = G + I
						按增长金额占重新分配的权重 F = 60% = 规定		按增长比例占重新分配的权重		
			增长金额 C = B − A	占增长总金额的比例 D = C/TD	增长比例 E = C/A × 100%	F = 规定（万股） = 40% ×60	重新分配到个人 C = F × D	H = 规定（万股） = 60% ×60	重新分配到个人 I = H/4 × (1 + E − TotE)	
甲巴	600. 00	680. 00	80. 00	22. 50%	13. 33%	24. 00	5. 40	36. 00	9. 12	14. 52
乙巴	700. 00	780. 00	80. 00	22. 50%	11. 43%		5. 40		8. 94	14. 34
丙巴	800. 00	892. 00	92. 00	25. 88%	11. 50%		6. 21		8. 97	15. 18
丁巴	900. 00	1003. 50	103. 50	29. 11%	11. 50%		6. 99		8. 97	15. 96
Total	3000. 00	3355. 50	355. 50	100. 00%	11. 85%		24. 00		36. 00	60. 00

同理，当金额：增幅 =5：5 或6：4 时，可以得出表5 –20 和表5 –21 的数据。

权重调整时，对每个人留在总公司的配股数是不同的。至于调整的周期是每年一次还是几年一次，这就看企业的需要了。制定调整周期规则，一般会有以下两种情况。

A. 固定调整的周期

每年调整一次，当然能够起到及时激励的作用，但也要考虑操作成本与激励对象收益变动大小之间的性价比。比如公司好不容易进行了调整，结果业绩好的激励对象也只是增加了 1000 元的收益，业绩差的也只减少了 800 元的收益，连激励对象自己都不在意，公司和老板何必多操这些心？

我们以表5 –20 中的数据举例测算一下，权重5：5 是个中庸的值。

由于表5 –20 只告诉了读者与资产有关的数据，没有直接告诉资产收益率，也就是不知道每股的收益。我们可以找两个公开的数据做参考。如表5 –22 所示。

从表5 –22 中大概取个中间值（柳州钢铁与华菱钢铁之间）约 40%，用这个数套到表5 –20 中，得出表5 –23 的数据。

从数据 J 来看，调整后减少收益最多的是乙巴长，减少了 2600 元，增加收益最多的是丁巴长，增加了 5400 元。单从这个数据看，我估计大家的兴趣不大。当然资产为 3355. 50 万元的公司不大，如果放大 100 倍，那么乙巴长的收益少了 0. 36 × 100 = 36 万元，丙巴长就多了 45 万元。这对于中国企业中层高干部平均年收入来说是一个非常令人心动的数据！这时候，大家对调整就有兴趣了。

总之，如果调整前后的数据变化不足于让激励对象动容？那么就固定3 年调整一次即可。反之，则可以规定每年调整一次。

表 5－20　金额：幅度＝5：5 时配股调整表

巴名	各巴净资产或估值期初数据 A	经营一年后各巴净资产或估值 B	增长金额		增长比例	留在总部需要重新分配 60（万股）				重新分配后个人在总部的股份数 J＝G＋I
						按增长金额占重新分配的权重		按增长比例占重新分配的权重		
			增长金额 C＝B－A	占增长总金额的比例 D＝C/TD	增长比例 E＝C/A×100%	F＝规定（万股）＝50%×60	重新分配到个人 C＝F×D	H＝规定（万股）＝50%×60	重新分配到个人 I＝H/4×（1＋E－TotE）	
甲巴	600.00	680.00	80.00	22.50%	13.33%	30.00	6.75	30.00	7.60	14.35
乙巴	700.00	780.00	80.00	22.50%	11.43%		6.75		7.45	14.20
丙巴	800.00	892.00	92.00	25.88%	11.50%		7.76		7.47	15.24
丁巴	900.00	1003.50	103.50	29.11%	11.50%		8.74		7.47	16.21
Total	3000.00	3355.50	355.50	100.00%	11.85%		30.00		30.00	60.00

表 5－21　金额 ：幅度 =6 ：4 时配股调整表

巴名	各巴净资产或估值期初数据 A	经营一年后各巴净资产或估值 B	增长金额		增长比例	留在总部需要重新分配 60（万股）				重新分配后个人在总部的股份数 J = G + I
						按增长金额占重新分配的权重		按增长比例占重新分配的权重		
			增长金额 C = B − A	占增长总金额的比例 D = C/TD	增长比例 E = C/A × 100%	F = 规定（万股）= 60% × 60	重新分配到个人 C = F × D	H = 规定（万股）= 40% × 60	重新分配到个人 I = H/4 × (1 + E − TotE)	
甲巴	600. 00	680. 00	80. 00	22. 50%	13. 33%	36. 00	8. 10	24	6. 09	14. 19
乙巴	700. 00	780. 00	80. 00	22. 50%	11. 43%		8. 10		5. 97	14. 08
丙巴	800. 00	892. 00	92. 00	25. 88%	11. 50%		9. 32		5. 97	15. 29
丁巴	900. 00	1003. 50	103. 50	29. 11%	11. 50%		10. 48		5. 97	16. 45
Total	3000. 00	3355. 50	355. 50	100. 00%	11. 85%		36. 00		24. 00	60. 00

表 5－22　2019 年中国 500 强净资产收益率（ROE）前十名

ROE	公司名称	500 强排名
53.52%	广东韶钢松山股份有限公司	311
47.09%	仁恒置地集团有限公司	343
45.41%	方大特钢科技股份有限公司	474
45.37%	中国旭阳集团有限公司	404
43.78%	柳州钢铁股份有限公司	190
38.67%	湖南华菱钢铁股份有限公司	101
37.99%	汉能薄膜发电集团有限公司	456
35.5%	福建三钢闽光股份有限公司	248
35.3%	新城发展控股有限公司	172
31.46%	佛山市海天调味食品股份有限公司	479

资料来源《财富》http://www.fortunechina.com/fortune500

B. 收益的差距而定

我们也可以规定调整前后最大差幅≤10%时就不调整，反之则调整。至于到底是10%还是20%、30%或者是40%，大家议而决之即可。

从表 5－23 中的数据 K 来看，甲巴长的收益变化为－4.33%，丁巴长的收益变化为 8.09%，都在±10%的范围内。

总之，调节两个要素的权重，每个人的收益也就会发生变化，企业可以选择激励的幅度。如表 5－24 所示。

表 5－23　某种参数下调整前后的收益对比

基础数据						调整前收益		调整后收益		对照	收益增减幅度（%）k = J/G
净资产（万元）A	收益率 B	总收益 C = A × B	总股数（万股）D 见表 14	每股收益（元）E = C/D	姓名 见表 14	总部留股（万股）F	调整前收益（万元）G = F × E	总部留股（万股）H	调整前收益（万元）I = H × E	调整前后差额（万元）J = I − G	
3355. 50	40. 00%	1342. 20	3000. 00	0. 45	甲巴	15	6. 711	14. 35	6. 42	−0. 29	−4. 33%
					乙巴	15	6. 711	14. 20	6. 35	−0. 36	−5. 33%
					丙巴	15	6. 711	15. 24	6. 82	0. 11	1. 58%
					丁巴	15	6. 711	16. 21	7. 25	0. 54	8. 09%

× 参数就是指：收益率 = 40%；金额 ： 增幅 = 5 ： 5

表 5－24　多次调整权重时配股调整对照表（局部）

	增长金额		增长幅度		标准配股	X：Y＝6：4		X：Y＝5：5		X：Y＝4：6	
	金额	排名	幅度	排名		股数	增减	股数	增减	股数	增减
甲巴	80.00	3	13.33%	1	15	14.19	－5.40%	14.35	－4.33%	14.52	－3.19%
乙巴	80.00	3	11.43%	2	15	14.08	－6.16%	14.20	－5.33%	14.34	－4.39%
丙巴	92.00	2	11.50%	3	15	15.29	1.91%	15.24	1.58%	15.18	1.20%
丁巴	103.50	1	11.50%	3	15	16.45	9.67%	16.21	8.09%	15.96	6.37%
	355.50		11.85%		60	60.00	0.00%	60.00	0	60.00	0.00%

胡博士点拨：

合伙的基本原则，有的出钱，有的出力，有的出“名”，有的三者都出。因此，总体上我们就应该体现“就出钱而言，出钱多的应该比出钱少的收益多；就出力而言（业绩），出力多的应该比出力少的收益多”。

合伙人除了直接收入外，还有三个间接的增值收益，即商誉、借贷和交易。有时候这些增值收益甚至远远超过直接收入，这也是做合伙人比纯粹打工更有长远利益之处。

第五节　退出与结算机制

股权是企业的生命线，是合伙创业过程中稳步前进的基础，好的股权架构、退出与结算机制等能让合伙人团队避开不少麻烦。

但公司的发展过程中总是会遇到核心人员的变动，特别是已经持有公司股权的合伙人退出团队，如何处理合伙人手里的股份，才能避免因合伙人股权问题影响公司的正常经营。这就需要提前约定退出与结算机制。但退出和结算，需要根据实际情况进行操作，没有绝对标准的答案。

一、六种退出原因

在合伙企业中，如果你完成不了合伙人的使命，只能选择退出。一般合伙人退出，归纳总结有六个原因。

（1）期满退出

实施合伙制，都有合伙的时效约束。约定合伙企业合作的时间，约束时效期满，合伙人可以自由选择退出或是继续合作。

（2）淘汰退出

如果合伙人无法胜任工作，可以选择绩效考核淘汰退出。很多合伙人合作前期都很努力，公司步入正轨开始盈利后，就开始懈怠了。事业起步以后就会居功自傲，能力不行还占着重要的岗位。约束的目的就是要让合伙人保持创业时的奋斗意识，这样企业才能持续做大做强做久。

（3）荣誉退出

荣誉退出是合伙人做出了一些贡献，保留了合伙人的身份，保留了一部分的利益。比如阿里巴巴公司，一些合伙人在退休之后，根据阿里巴巴退休规定和荣誉合伙人的条件，可申请阿里集团的荣誉合伙人。荣誉合伙人不行使合伙人权利，但享有奖金池里的部分分配。

（4）上市退出

对于股东合伙人来讲，能够通过 IPO 之后退出是最理想的模式，也是回报率最大化的方式。同时也考验股东合伙人的耐心。大部分合伙企业都是不能够上市的，并且少数企业能够 IPO 需要持久的经营、奋斗和等待。

（5）破产退出

这是投资失败项目的一种退出方式。合伙企业无法经营下去，只能破产退出。如果公司是有限责任公司，就要按法律约定的承担责任。如果是合伙企业，就有一个普通合伙人和有限合伙人，承担的责任也不一样。

（6）重组退出

资产重组退出，资产重组是指合伙企业以提高公司整体质量和获利能力为目的，通过各种途径对企业内部和外部业务进行重新整合，实现资产最大限度的增值。一些合伙人可以通过“股权转让”等资产重组方式退出。

二、退出如何结算

当合伙人退出公司后，其所持的股权应该按照一定的形式退出。一方面对于继续在公司里做事的其他合伙人更公平；另一方面也便于公司的持续稳定发展。

而合伙人退出之后，如何结算也是一个问题。一般采用三种方法：估值法、参考相关法律、另外约定。

估值法，即当合伙人中途退出，退出时公司可以按照当时公司的估值对合伙人手里的股权进行回购，回购的价格可以按照当时公司估值的价格适当溢价。参考相关法律，即按相关法律法规，按规则办理。另外约定，即合伙人之间可以另外签订协议，约定股权的退出机制；公司章程与合伙协议尽量不冲突；在合伙协议中约定，如果公司章程与合伙协议相冲突，以合伙协议为准。

胡博士点拨：

真正的合伙人的责任就是必须对具体经营数据负责。每个合伙人的肩上必须承担他所在的岗位的经营责任。这些“负责”每年都必须量化，没有达到目标的，轻则减少年薪、行政降级；重则减少股份，直至退出合伙人。

本章总结

⊙责重与权大机制，包括责重四问、权大三问。

⊙目标与考核机制，即按一定的指标或评价标准来衡量高层管理人员完成既定目标和执行工作标准的情况，根据衡量结果给予相应的奖励。

⊙审计是对结果、财务进行审查，是对结果的判定。监察是对行为过程的监督。

⊙分配与激励机制是企业将远大理想转化为具体事实的连接手段，是实施合伙制的重要机制。

⊙阿米巴股权激励，分为纵向激励和横向激励。

⊙退出与结算机制，包括六种退出原因，以及退出结算方法。

第六章

实施合伙制的六大平衡

企业导入阿米巴经营模式要注意三大平衡，不能在做完阿米巴以后，只顾强调本巴的局部利益，而不去兼顾整个公司的整体利益。这就是局部利益与整体利益的平衡，还有短期利益与长期利益的平衡、精神利益与物质利益的平衡。如果做阿米巴不做到平衡，整个公司会变得四分五裂。

实施合伙制有六大平衡：局部利益与整体利益的平衡、短期利益与长期利益的平衡、物质利益与精神利益的平衡、自由与控制的平衡、个性与标准的平衡、入伙与退伙的平衡。

第一节 局部利益与整体利益的平衡

“唯有把阿米巴做成合伙制，企业才能做久”，阿米巴经营为企业实现“全员参与经营”，但怎样才能让员工真正地做到从心底与公司共同进退、共同承担风险呢？这就要从阿米巴经营哲学出发，与现实相结合，指出企业通过采取合伙制经营模式，让员工转变为阿米巴合伙人，将员工与企业的发展捆绑在一起，真正实现个人利益、局部利益和整体利益的一致性，最终才能合伙把企业的蛋糕做大。

企业实施合伙制，合伙人关注局部利益的同时，也要服从整体利益，尽力做到局部利益与整体利益的平衡。

合伙人需要实现整体利益与局部利益的平衡。其原则是：

第一，处理好局部利益和整体利益的关系。企业实施阿米巴 + 合伙制，有些阿米巴合伙人会局限于本阿米巴利益而偏弃其他部门的利益，导致阿米巴组织之间冲突不断，使得阿米巴组织之间的配合越来越少，从而影响企业的整体利益。如果每个阿米巴合伙人都为了各自的利益而恶性竞争，就违背了阿米巴经营哲学的“敬天爱人”“利他之心”等理念。因此，阿米巴合伙人局部利益最大化应建立在企业整体利益最大化的基础上，加强阿米巴之间的合作，才能实现局部利益与整体利益的平衡。

第二，阿米巴合伙人需要有全局意识，才能减少阿米巴组织之间的冲突，加强阿米巴的联动效应，形成优势互补。企业达成整体利益与局部利益的平衡，才能使每个阿米巴组织团结合作，为客户提供优质的服务，给企业和客户带来效益。

第三，整体利益与局部利益的平衡，是服从大局的前提下的平衡。这并不是无原则的平衡；不是迁就、照顾、“和稀泥”；也不是谈判、妥协；更不是讨价还价。追求整体利益与局部利益的平衡，要正确处理好企业与阿米巴合伙人的关系，兼顾各方利益，兼顾各个阿米巴组织的利益，要以不损害其他阿米巴利益为前提。在此基础上，降低摩擦成本，实现企业平台下各方共赢，这是实施阿米巴 + 合伙制最理想的结果。

胡博士点拨：

司马迁早在《史记》中就对人性做了精辟的分析，“天下熙熙，皆为利来；天下攘攘，皆为利往”。要一个小巴长关心整个公司的利益，关键是怎么关心？有什么好处？阿米巴股权激励就能解决这个问题，我们采用的是“阿米巴三级股份模型”。

第二节　短期利益与长期利益的平衡

一些企业在短期利益与长期利益的博弈中，短期利益总是会占上风。这是因为大部分股东只注重短期利益，希望短期内赚到钱，他们基本上不考虑10年、5年甚至1年后的业绩和走势。这些企业的经营管理层也没有长期恋战的心理准备，不在乎是否要打造百年老店，树立品牌。对于一些合伙人来说，短期利益服从长期利益。

实施合伙制，必须要考虑短期利益与长期利益的平衡。短期利益与长期利益并非是“非此即彼”的关系，合伙人必须在两种利益之间协调和平衡。合伙人持有公司的股份，就是拿真金白银投资该公司，要求合伙人要有长远的眼光，能够抵御短期利益的诱惑，不要因为急功近利而牺牲长期利益。

处理好短期利益与长期利益的平衡，合伙人就要弄清楚究竟是为了谁的利益而经营。

如果是为了股东、合伙人的利益而经营，那么合伙人就会注重短期利益。因为每一个持股合伙人都想很快地得到回报，而且是最大的投资回报。如果想成为优秀的企业平台，合伙人就要注重长期的利益。企业建立和实施合伙制，建立的不仅仅是一个利益集团，更不是控制企业的权力机构，而是企业内在动力机制。这个机制将传承企业的使命、愿景和价值观，确保组织更加完善，在未来的市场中更加灵活、更有竞争力。

合伙人制是一种创造性的方式，在保证股东核心利益的同时，需要有明确的使命，对长期目标和利益的追求，以及对价值观的坚持。

合伙人既是公司的运营者、业务的开拓者、文化的传承者，又是股东，最有可能坚持公司的使命和长期利益，为客户、员工和股东创造长期价值。只有做一个热爱公司、使命驱动、有责任感的合伙人，才能够抗拒短期利益的诱惑。

实现短期利益与长期利益的平衡，我们需要做到如下几点。

第一，合伙人可以用很长的时间来经营公司，而不用为了下一季的获利情况烦恼。当然，这不代表合伙人就不关心公司的经营情况。经营业绩也相当重要，只是不希望合伙人因为一味地追求短期获利而被迫牺牲公司长远发展的竞争优势。

第二，股东与合伙人的关系要相当稳定，大股东崇尚的是长期投资，合伙人管理层可以用一辈子的时间来筹划管理，而不用担心这个季度的业绩考核能不能通过。

第三，合伙人需要使命驱动。合伙人之所以还从事这项工作，靠的主要是责任心和成就感，所以他们把这份工作看得很重，会从长期权利角度做决策和考虑问题，会竭尽全力做好项目。

第四，合伙人把在该公司所占的股份看作个人和全家所有财产，在有生之年是不可能把它卖掉或者兼并给其他公司的。在此基础上，要求合伙人不要被会计账簿上的盈利数字影响经营决策，付出不亚于任何人的努力，明确每个阶段什么事情是最关键的。

胡博士点拨：

做阿米巴要注意三大平衡，不能在做完阿米巴以后，只顾强调本巴的局部利益，而不去兼顾整个公司的整体利益。这就是局部利益与整体利益的平衡，还有短期利益与长期利益的平衡，还有精神利益与物质利益的平衡。如果做阿米巴不做到平衡，整个公司就会变得四分五裂。

第三节　物质利益与精神利益的平衡

实施合伙制，如何在复杂的利益交织中，厘清利益脉络、找准物质利益与精神利益的平衡点至关重要，也是企业可持续发展的关键。

物质利益和精神利益是人们追求的两大利益，物质利益与精神利益既相互关联又有所区别。物质利益指人们对生活资料的需求、追求和满足，提高生活质量，实现自我价值，合伙人的物质利益主要包括工资、奖金、福利、股权等，一切可以用金钱作为衡量标准的财物；精神利益主要指无法用金钱估量的非物质利益，包括荣誉、表彰、声誉等。

物质利益是精神利益的基础和保障，两者相互渗透。物质利益和精神利益在存在状态、体验方式、实现方式、人生意义等方面又相互区别。合伙人追求什么样的物质利益，就必然会追求什么样的精神利益；合伙人追求什么样的精神利益，就必然会追求什么样的物质利益。

因此，实施合伙制，物质利益和精神利益应该协调发展，不可偏执一端。物质利益与精神利益得以平衡，才能留住核心人才，合伙制才能成功实施。

以日本京瓷公司为例，其经营理念是追求全体员工在物质和精神两方面获得幸福的同时，为社会做出贡献。即便是稻盛和夫这种被誉为"经营之圣"的企业家，也不可能避开金钱和物质而论述如何激励员工。

阿米巴合伙人需要为物质、精神两方面的幸福而努力奋斗。在经营的过程中，稻盛和夫曾经意识到："对于公司来说，有比实现自己的梦想更重要的目的。”这个目的就是“保障公司员工及其家属的生活，让他们得到幸福”。以这件事为契机，京瓷公司的经营理念转变为：“以实现全体员工物质和精神两方面的幸福为己任，为人类社会的进步和发展做出贡献。”

“物质和精神两方面的幸福”指的是在追求经济上的稳定和丰富的同时，通过职场上的自我表现，获得生活、工作的价值等“心灵上的满足”。在此基础上，还有磨炼技术，不断制造出优秀的作品，产生“为科学技术的进步，为人类的生存和社会的发展做出贡献”的想法。通过明确企业存在的意义，使得员工的力量能够汇聚到一起。

物质利益对精神利益的发展起着基础的决定性作用。一方面物质利益是精神利益存在的基础；另一方面物质利益决定着精神利益可能实现的程度和质量。两者实现平衡，才是实施合伙制最好的结果。

胡博士点拨：

根据西方的说法，一个人是由物质和意识组成的，一会儿要进入你的身体，一会儿要进入你的精神。精神部分一般是能带来什么样的荣誉，这不是能看见的东西，但有一些光环，光环也可以带来一些收益。物质部分，常见的有奖金和股权，奖励车、奖励房子，无非是转化成一定的货币。做合伙制，就要实现精神利益、物质利益的平衡。

第四节　自由与控制的平衡

传统组织的特点表现为层级结构，即在一个企业中，高层、中层、基层管理者组成一个金字塔状的结构。董事长和总裁位于金字塔顶端，他们的指令通过一级一级的管理层，最终传达到执行者；基层的信息通过一层一层的筛选，最后到达最高决策者。这种金字塔式组织结构是与集权管理体制相适应的，但这种传统的组织形式难以适应快速变化的市场环境，造成决策链过长、反应缓慢，严格意义上的多层级、层层汇报的垂直管理不再有效。

时代需要阿米巴，时代需要合伙制，从管理到赋能，这也是时代的要求。

人人都希望被作为个体价值来对待，给予这些人以承担责任的自由，可以释放出隐藏在他们体内的能量。新生代员工崇尚参与，而不是自外而内的灌输和命令。阿米巴 + 合伙制就是在这样一种思维的指导下产生的。阿米巴经营模式，让阿米巴合伙人感觉到自己是现场决策者，可以对分内负责的事情做出决定，有些决定可以不必报告老板。把权力、责任同时下放到阿米巴合伙人身上，而老板作为政策的监督者，只是负责对整体进行观察、监督、推进。

未来的企业最重要的功能是赋能，而不是管理；给予员工的是经营的自由，而不是严格监督和控制。这符合新一代年轻员工的需求。

实施合伙制，自由与控制如何平衡？

第一，实施阿米巴 + 合伙制、分权、赋能，阿米巴合伙人能够自由决策、自由经营。传统组织通常有核心部门：产品研发、销售、采购等部门。实施阿米巴之后，如果每个部门各有10人，一共30人。现在我们将这30人打散，让他们自由组合，变成10个小组，每个小组都有这三个部门的人。成立阿米巴经营组织之后，中间层级的经理、主管等没有了，就是10个自主经营、独立核算的阿米巴单元。这样做的好处是：首先，责任更分明，阿米巴的盈亏通过报表一目了然。其次，合伙人有更多的权力。开发产品的款项，阿米巴小组的三个人商量决定。小组也有定价权，即产品卖多少钱自己定。最后，自由组合权。公司支持阿米巴小组成员自由组合，分发奖金实行以阿米巴小组为单位而不是个人，具体金额由巴长决定。同样，员工如果觉得巴长发奖金不公平，也可以离开这个阿米巴小组，重新组合成两人小组或者三人小组，不断地裂变、重组、优化、

第二，控制，主要是通过审计和监察机制。审计是对结果、对财务进行审查，是对结果的判定。督察是对过程、对行政进行监督，是对行为过程的监督。企业重点强化计划和审计监督，对阿米巴计划预算的执行结果建立月、季、年分析制度；对阿米巴合伙人的绩效、管理、经营及计划、效率和效果进行审计。内部建立服务监督的部门，对阿米巴合伙人经营过程的监督，保障合伙制的成功实施，从而实现自由与控制的平衡。

胡博士点拨：

控股有两种：第一种，例如，广东省的公司由华南区的公司来控股广东省公司80%的股份，然后广东省的人员占20%的股份。这种分法每一步都是由下级公司控制更下级的公司。这是上级阿米巴控股控制下级阿米巴，每一个都是你控制我、

我控制他。

但还有另外一种情况，由总公司直接控制，这是没有问题的。总公司除了控股销售公司，还控股生产公司。

第五节　个性与标准的平衡

实施合伙制，标准和个性的平衡也是一个问题。两者存在较大差异，同时又互为补充。二者的直接目的不同、作用不同、操作方法也不同，但最终的结果都是成功实施阿米巴 + 合伙制。

一、合伙制实施的标准化与个性化有哪些差异

第一，标准化强调流程的准确性和可控性，而个性化强调灵活性、可变性。在实施合伙制中，所有的流程都规定有标准化的流程，包括确定合伙人员、权责分工、股份占比、协议条款等都有严格的标准，这样的流程及规范化的行为可以保证实施合伙制的可控性，一旦发生问题也可以很容易找到原因。而个性化强调不同合伙人的表现是不相同的，要针对不同合伙人采取不同的方法，在某些流程和步骤及某些事务的处理上更加灵活，以满足不同合伙人的需要。

第二，标准化更加强调整体的专业性、效率性，而个性化更提倡主观能动性和效益性。比如阿米巴股权激励，按照股权激励 9D 模型，更能体现出本企业的专业性、可靠性和效率性，更让合伙人信服。而个性化能够比较快且准确地根据合伙人的类型，给予其最有针对性的激励方案。

第三，标准化需要较强的规则意识，而个性化更加强调感情因素。标准化要求合伙人要有规则意识，签订合伙协议之后，严格按照协议办

事。而在实施合伙制的过程中，有了规范化和标准化的操作，我们需要让合伙人体会到诚意和感情，而不是冷冰冰或者虚情假意。老板更加有人情味，也更能让合伙人产生共鸣。

第四，标准化更容易操作和降低成本，个性化的操作难度大，但是效果比较明显。实施合伙制，标准化可以做模式复制，所有的企业都能比较容易地操作。而个性化的操作难度比较大，因为需要对合伙人的道德、能力和资源等方面进行严格考察。

二、实施合伙制，标准和个性如何平衡

第一，个性化源自于标准化，又超然于标准化之上。一个阿米巴、一个企业如果没有标准化的流程和要求就会散掉，大家各行其是，成为一盘散沙。只有依托标准化的手段，个性化才会有意义。而个性化又高于标准化，在遇到标准无法触及或解决的问题时，找出解决的方法，促成合伙制实施的成功。

第二，不同定位的公司、不同的合伙人，其标准化与个性化的侧重点不同。公司的战略定位不一样，面对的合伙人也有所不同。如果个性化的股权激励手段是行之有效且可以复制推广的，那么个性化的激励手段会逐步以标准化的形式固定下来。

如何平衡阿米巴 + 合伙制实施中的标准化和个性化？在实际操作中，首先要强调标准化，要按照标准化的要求和流程来处理问题，不能随意改变。如果工作中出现了目前制度和标准无法解决的情况，一些高级合伙人可以采用个性化的方式解决。定期开展合伙人讨论和总结哪些情况是目前标准和制度无法解决的，并讨论什么方法更好，从而改良标准，实现标准和合伙机制的优化，平衡合伙制实施中标准化与个性化的关系。

胡博士点拨：

现在阿米巴配股的标准是一样的，减少变革共振，这就叫艺术。我的艺术是认为尽量减少共振，你有本事也可以共振，我就不搞一样的，巴小的配股就少，这样也可以，艺术没有标准，这只是我个人的经验。因为我们做顾问经验丰富，你们吸收教训、学习经验就可以了。

第六节　入伙与退伙的平衡

实施合伙制，就要面临入伙与退伙的问题，即入伙与退伙如何平衡。

一、入伙方式

入伙是指合伙企业成立之后、解散之前，第三人申请加入合伙企业并被合伙企业接纳，从而成为新的合伙人。

新合伙人可以两种方式入伙：第一，从原始合伙人手中取得部分或全部合伙权益。新合伙人在征得原合伙人全体同意后，从一个或几个合伙人手中购买他们的一部分或全部股权。第二，投入资本，取得新合伙企业的权益。新合伙人在征得原合伙人全体同意后，投入银行存款或其他资产，加入合伙企业。

合伙企业吸收新的合伙人入伙必须具备一定的条件：第一，应当经全体合伙人同意。只要有一个合伙人不同意第三人加入合伙企业，第三人就不能加入合伙企业，其他人同意也是无效的。第二，必须依法订立书面合伙协议。订立合伙协议时，原合伙人应当向新合伙人告知原合伙企业的经营状况和财务状况。入伙协议中可对入伙人的权利、义务做出约定。以上条件缺一不可，否则将导致入伙无效。除合伙协议另有约定的，入伙的新合伙人与原合伙人享有同等权利，承担同等责任。

二、退伙方式

退伙即合伙企业存续期间，合伙人退出合伙企业，丧失合伙人资格，引起合伙企业终止或变更的法律事实。

造成合伙人退伙的原因主要有：第一，合伙人基于法律规定而丧失合伙人的资格，如被依法宣告为无民事行为能力人，或者个人丧失偿债能力等。第二，自愿退伙，是指合伙人自愿退出合伙企业。因为合伙是以合伙人的相互信任为基础的，所以任何一个合伙人在不愿意继续参加合伙企业的经营时，都可以退出合伙企业。第三，除名退伙，是指当发生某些事由时，由其他合伙人一致同意，将某合伙人开除出合伙企业，而不论其本人是否愿意退伙。除名退伙的理由有：未履行出资义务；因故意或者重大过失给合伙企业造成损失；执行合伙企业事务时有不正当行为等。

无论何种原因引起的退伙，退伙人对其退伙前已发生的合伙企业债务，与其他合伙人承担连带责任。合伙人退伙时分割的合伙财产，应当包括成立时投入的财产、合伙经营期间积累的财产及合伙的债权。入伙的原物，退伙时原则上应当返还。一次清退有困难的，可以分批清退。退还原物确有困难的，则可以折价处理。总之，按照合伙协议和法律规定，在入伙时平衡合伙人之间的利益，在退伙时平衡合伙人与债权人的利益。

胡博士点拨：

合伙，要愿赌服输。很多人没有做老板的思路，做员工等待的心态比较严重。合伙制基本的理念是，合伙也要合心，大家思想不一致就做不了合伙。入伙和退伙需要达成平衡。

本章总结

⊙企业实施合伙制，合伙人需要在关注局部利益的同时，也服从整体利益，尽力做到局部利益与整体利益的平衡。

⊙实施合伙制，必须要考虑短期利益与长期利益的平衡。

⊙实施合伙制，如何在复杂的利益交织中厘清利益脉络、找准物质利益与精神利益的平衡点至关重要，这也是企业可持续发展的关键。

⊙未来的企业最重要的功能是赋能，而不是管理；给予员工的是经营的自由，而不是严格的监督和控制，这符合新一代年轻员工的需求。

⊙实施合伙制，标准和个性的平衡也是一个问题。两者存在较大差异，同时又互为补充。二者的直接目的不同、作用不同、操作方法也不同，但最终的结果都是成功实施阿米巴+合伙制的需要。

⊙实施合伙制，需要做到入伙与退伙的平衡。

第七章

如何升级合伙制

如何升级合伙制，从哲学角度，先看所谓的企业生命，它的规律。企业也是有生命的，地球存在企业就存在。虽然这么想，但在现实中比较难。当一个企业刚刚创建、力量薄弱时，股东最希望这个企业做大一点。一年辛苦地经营才有 3 万元的利润，这太少了。因为企业规模小，抗风险能力就弱。当然有一些隐形冠军，短时间内有可能做大做强。

刚开始是想做大一点，做大了以后会有一个发展的阶段。这时候我们希望它做强一点，成为独角兽，成为巨无霸。企业的生命规律是很自然的规律，但这个规律我们能不能打破，或者说短暂地打破？从理论上讲，任何东西都会灭亡，但我们可以无限制地延伸这个企业的发展，这是哲学的思维。

企业能不能重生，能不能重新发展，取决于在某一个阶段里有没有准备好第二代产品，不要到了危机重重的时候才开始准备。所以，阿米巴的产品不断升级，有经典的阿米巴，有平台的阿米巴，还有合伙制，我们也在不断竞争。

根据我们的经验总结：把企业做成平台，企业才能做大；把平台做成阿米巴，企业才能做强；把阿米巴做成合伙制，企业才能做久。大家要一起努力去干。特别是当合伙人，大家都成为股东或经营者，积极性就变高了。我们按照贡献价值来做，把每一个人的积极性转化出来，老板就要付出不亚于任何人的努力，创造力肯定是不一样的。

第一节　三种合伙范围扩大化

企业的业务扩大、区域扩大、人数扩大，导致合伙范围扩大。通过推行合伙人机制，把更多的员工变成合伙人。倡导合伙人精神的公司还要求员工出资（通常比外部投资者价格低）购买公司的股票，除了共享，这种合伙制又多了共担。

一、业务扩大

企业业务规模扩大，员工人数增加，这本来是一件好事，但是随着规模扩大所带来的一系列管理问题，往往令老板头疼不已。业务规模扩大，就需要升级合伙制。

业务扩大，就需要进行业务组织结构裂变，通过阿米巴 + 合伙制，把舞台交给年轻的合伙人。小米一直在建设生态链，不断扩大业态和增加产品。如何调整一个个庞杂的业务？细分业务部门。

小米将原有的电视、生态链、MIUI、互娱四大业务分拆成了十个部门，其中四个互联网业务部、四个硬件产品部、一个技术平台部和一个消费升级的电商部。部门改组之后，小米部分高管也将转任，带领重要新业务长远发展，也有更多的管理者成为合伙人，合伙范围不断扩大。借助组织架构调整，把一线业务做大做强，赋予一级业务部门更多的权益，让它获得更多的资源加持。

公司业务规模扩大，生产效率将有所提升，经营效益逐步提高。更重要的是，合伙制会培养和引进更多的高级人才。

二、区域扩大

对于规模大、在地理上分散的企业来说，按地区划分阿米巴是一种比较普遍的方法。其原则是把某个地区或区域内的业务工作集中起来，委派一位合伙人主管其事。

随着区域扩大、地域的增加，需要更多具有全面管理能力的人员，而这类人员往往不易得到；每一个区域都是一个相对独立的单位，加上时间、空间上的限制，往往是“天高皇帝远”，总部难以控制；由于总部与各区域是天各一方，难以维持集中的经济服务工作。

因此，区域扩大，合伙人的范围也随之扩大。通过实施阿米巴 + 合伙制，责任到区域，每个区域都是一个利润中心，每个区域经理变为合伙人，负责该地区的业务盈亏；放权到区域，每个区域都有其特殊的市场需求与问题，总部也能够放手让区域合伙人处理。

区域扩大，企业总部的主要任务就是怎么样让区域合伙人能够发挥作用，让他们更多地承担组织更快发展的责任。整体上，每一个区域有一个核心团队可以成为合伙人，同时形成整个公司的合伙人架构。

三、人数扩大

随着移动互联网的应用和崛起，连锁门店类企业为代表的传统企业，其经营模式发生剧变。而连锁企业人数扩大、业务竞争激烈、门店数量规模大、人员成本高，销售增长的空间大幅缩减，利润也开始下滑。

人数扩大，合伙人规范也扩大。连锁门店类企业实施合伙制，公司提供平台、资源、资金和产品等要素，核心人才提供技术、才能、劳动付出等要素，通过构建事业共担和利益共享机制，充分调动人才积极性，实现核心人才变成合伙人的身份转换，达到持续撬动业绩的目的。

永辉超市门店合伙人机制

在整个超市行业，一线员工干着最脏、最累的活，却拿着最低微的薪水，整个行业员工的流动性更是高得惊人。如何提高一线员工的积极性，鼓励他们创造业绩的同时提高超市的利润率，成了整个行业的难题。

在电商大行其道，传统连锁超市业绩增幅放缓之际，永辉超市逆流而上，取得了不错的业绩。在业绩辉煌的背后，支撑永辉超市快速发展的是其基于“超额分红机制”的门店合伙人计划。

永辉超市以门店销售业绩达成率和利润总额达成作为参与分红的前提条件，从营运部门到后勤部门，从员工到店长均参与。针对从店长到店员不同层级人员设置不同的分红条件，避免搭便车。各职级奖金根据奖金包、部门毛利达成率排名的分配系数和出勤系数等综合计算进行分配。

永辉超市总部与经营单位（合伙人代表）根据历史数据和销售预测制定一个业绩标准，如果实际经营业绩超过了设立的标准，增量部分的利润按照比例在总部和合伙人之间进行分配。具体由永辉总部代表、门店店长、经理及课长等探讨预期的毛利额作为业绩标准。

基于“超额分红机制”下的合伙制，使超市经理和骨干员工更具经营思维和服务意识。超市生鲜损耗率和顾客服务满意度较其他品牌超市均有较大的提升，同时超市对于人员招聘、解雇都是由员工组的所有成员决定的，所有的收益大家是共同分享的。这一切都将永辉的一线员工绑在了一起，极大地降低了企业的管理成本，员工的流失率也显著降低。合伙制对于员工来说就是在收入方面的“开源”，对于永辉超市来讲实现了“节流”。充分发挥了一线员工的能动性，取得了全员激励的效果，实现了业绩的快速发展。

胡博士点拨：

企业能不能重生，能不能重新发展，取决于在某个阶段里有没有准备好第二代产品，不要到了危机重重的时候才开始准备。所以，阿米巴的产品不断升级，有经典的阿米巴，有平台的阿米巴，还有合伙制，我们也在不断竞争。

第二节 四级合伙层次晋级化

企业可以在不同的平台、不同的层面形成合伙人机制。各个产业板块有合伙人，另外还有来自不同的创业平台以及各个被投企业都有合伙人，从而搭建多层次合伙人架构。这一多层次的合伙人模式并不是一个官僚体系，按照官级大小一级级压下来，而是要求各层次的合伙人能够自我驱动、自我决策，利用公司的资源推进业务，站在老板的角度思考问题，具有经营的意识和能力。

搭建起多层次合伙人架构，合伙层次也要晋级化，从而有效地激励合伙人。在管理实践应用中，企业根据自身的需要把合伙人细分为项目制合伙人、事业部合伙人、阿米巴合伙人、公司级合伙人等不同级别和多个层次。

一、项目制合伙人

项目制合伙人的合作原则是自愿参与合作、自由组合团队、自主开展工作、自己安排任务。项目合伙人与公司没有雇佣关系，实质关系是项目合作关系。项目合伙人可以担任公司的管理职务，也只有在公司担任管理职务的合作伙伴才能够获赠或买公司股权，成为公司董事会的股东参与公司决策。

项目孵化。企业整合各类资源，实现公司的平台化转型。原有部门，逐步实行阿米巴经营模式，每个阿米巴自主经营、独立核算。公司内部员工根据公司战略规划满足项目独立立项要求，提交相关资料审核通过的，可单独成立项目合伙人。

项目制合伙人，其权利是能够参与公司的业务开发。项目总监则对项目部的分红分配负责，具有项目组建权、团队管理权、项目运营权、项目推广权和项目受益权。

项目制合伙人的义务是维护公司利益，遵守公司的制度。参与完成公司的项目培训并考核合格，按照公司项目规划开展项目运营工作，并对行为和结果负责。按照合伙协议与项目合作分配利益，对所属项目的立项、推广、实施及客户的利益负责。

项目制合伙人如果业绩考核不合格，或者没有参与项目工作的合伙人将取消项目合伙人资格。业绩优秀的合伙人，能够获得项目提成和职务晋升及其他业绩奖励。

二、事业部合伙人

传统的人才激励方式手段无外乎销售额提成、利润提成等。这些方式既有效地驱动了职业经理人与所有者利益捆绑，从而形成利益共同体，支撑企业做大做强，又存在着致命的缺陷，即传统激励方式只靠利益刺激，未形成精神共同体，无法从根本上解决企业所有者和职业经理人的利益分歧。

实施合伙制，企业则变“职业经理人”制度为“事业合伙人”制度，从根本上解决这两个问题：一是将职业经理人变成合伙人，将经营者的角色从打工者转变为股东；二是从利益共同体到事业合伙人。提高事业合伙人所占的股份，增加经营层持股，从而捆绑股东与合伙人的利益，激励经营层提升业绩。事业部合伙人由于身份角色的进化，进一步激发经营管理团队的主人翁意识、工作热情、创造力和创业精神，强化合伙人团队与股东之间共同进退的关系。

柏明顿管理咨询的内部顾问团队分为若干个部门，有的是专门做某一个行业的，有的是专门做某一个领域的。也有事业部，我们叫事业部合伙人，比如有专门做医药领域的事业部，这个事业部里面有几个核心合伙人。

三、阿米巴合伙人

中国式合伙制，即在“人人成为经营者，人人分享经营性收益”的理念下，通过阿米巴经营模式把核心人才发展成为执行股东，即经理人+股东最大限度地发挥人才财富机制。

中国式合伙制的收益是：有人才有可能使企业做久，员工成为企业家、老板。进一步扩张储备大量的人才；劳动性收入+资本收入=恒产；提升单位利润率。

企业推行“公司平台化”“员工创客化”“管理去中心化”“合伙人持股”的大力改革，将会实现裂变式发展，快速提升企业的竞争能力。

四、公司级合伙人

公司级合伙人指以其资产（包括有形资产和无形资产）进行合伙投资，参与合伙经营，并依合伙协议享受权利和承担义务。

公司级合伙人被赋予三种重要权利：股权激励、公司控制权和身份象征。做到公司级合伙人级别的人往往经过严格筛选，成为合伙人将享受分红，控制公司，又是一种身份的象征。公司级合伙人需要高度认同企业文化，愿意为企业使命、愿景和价值观竭尽全力。

新合伙人入伙时，企业将增发股份，稀释现有合伙人的股份，并完成工商登记，从而成为真正意义的股东，并每年得到分红，分享公司的利益。

胡博士点拨：

当一个企业发展到一定阶段的时候，一定要推荐产品和人才，要有培养人才和保留人才的方法。如何使企业基业长青？根据我们的经验，把企业做成平台，企业才能做大；把平台做成阿米巴，企业才能做强；把阿米巴做成合伙制，企业才能做久。

第三节　五个产业链上下延伸

移动互联网时代，企业竞争愈加激烈，竞争不仅仅在企业和企业之间进行，还在一个产业链和另一个产业链之间进行。而产业链延伸与整合是企业转型升级的重要路径之一。

集团化企业产业多元化、业态多样化，企业依托主业不断强化的业务进行产业链延伸，在产业链上存在着大量的上下游关系和价值交换。

产业链延伸又分为横向延伸和纵向延伸。产业链横向延伸，增强对市场价格的控制力，获得单个领域的绝对优势。产业链纵向延伸，主要指处于一条价值链上的两个或者多个厂商联合在一起结成利益共同体，致力于整合产业链资源，创造更大的价值。实现产业链各个环节资源的深度整合和优化，提高企业的整体竞争力。

产业链纵向延伸又有上下游拓展和延伸。产业链向上游延伸一般是产业链进入基础产业环节和技术研发环节，向下游拓深则进入市场拓展环节。

企业内部实施合伙制取得明显的效果后，也可以考虑让合作方加入进来，将产业链上的利益相关方变成合作伙伴，重构产业生态体系。

一、上游延伸

产业链纵向延伸指企业向其上游产业或下游产业的延伸。产业链中所需的上游资源和下游营销渠道等需要进行深度合作和绑定，如采用股权激励、股权投资等形式实现与行业产业链的上下游进行合作，促进企业的长远发展。

上游延伸主要是供应商，与上游供应商形成紧密的战略合作和业务协同关系，实现外部协同，通过将上游供应商发展成合伙人，取得多方共赢的结果。比如企业的产业链中，有一种资源型供应商，主要是材料的供应。其价格受市场供求的影响波动较大，运输距离远导致物流成本高。在这种情况下，如果公司需求的数量比较大，就可以和供应商成立合资公司，在公司周边设厂，既保障材料供应，又形成资源锁定，具有一定的排他性。另一种是技术型供应商，公司将其变成合作伙伴，通过共同研发方式签订产品保护协议。

二、下游延伸

任何企业的发展，都离不开产业链的配合及下游经销商等合作伙伴的大力支持，因此企业要重视价值共享。面对新形势，通过升级阿米巴 + 合伙制，每一位经销商都是合伙人，能够享受多种合伙人权益，参与价值分享，从而盘活产业链上的利益相关方，促进企业生态圈的良性发展，这会让合作伙伴给予企业更多的支持。

在柏明顿的客户中，有一家服装企业成功培育和掌控了一批优质的区域经销商，并且和下游经销商签订了独家分销协议，以股权融资和股权捆绑的形式建立“区域经销 + 百货商场零售终端”的模式。通过这样的合伙制操作，这家公司实际上等于收购了它的下游渠道商，完全掌控了这些优质的经销商资源和他们背后的零售终端资源。通过这种整合，该公司完成了沿着产业链纵向一体化的布局，产品的研发、设计—生产—分销—零售终端完全掌控在自己的手中，直接的效果就是销售规模和利润空间得到了明显的提升。

这种合伙制和价值共享观念是具有行业领先性的，使企业能够在未来很长一段时间内，保持企业的行业领先地位。

三、横向延伸

横向延伸，是指通过对产业链上相同类型企业的约束来提高企业的集中度，扩大市场势力，从而增强对市场价格的控制力，获得垄断利润。企业可以进行产品多元化发展，保持原有的核心产品，研发其他相关衍生品，扩大销售范围。同时避免与供应商竞争，凭借自由商品成本与价格的优势、产品特色优势迅速打开市场。

在企业产业链延伸的过程中，需要大量的资源支持，可以尝试内部股权结构调整，实现合伙人持股。

四、相关延伸

企业可以由产业链某一环节向其他环节延伸，或由单一产业链环节向全产业链延伸，或在深耕某一细分行业的基础上，向其他细分行业拓展。产业链的利益相关方都绑上企业的战车，成为其合伙人，从而降低企业的成本，提高产品性价比。

五、外部整合

产业链纵向延伸和横向延伸，都是把企业自己作为所整合资源的一部分，考虑怎样联合其他资源得到最佳效果。而外部整合却不同，是将企业打造成平台，整合产业链上下游的资源，跟同行业、客户合作，通过平台化运作整合链接产业链上下游的小微企业和创客，为他们提供赋能和服务。同时，增加双方的收益或者降低双方的交易成本，自身也因此获利。阿里巴巴就是一个典型的搭建平台整合外部资源的案例。华为提倡的是一种开放、共享的产业生态战略，在外部市场，华为不以形成垄断为目的，而是保持开放合作的心态与其他伙伴互相赋能共同打造一个循环良好的生态圈。

企业通过产业链外部整合，平台与合伙人捆绑利益、捆绑梦想，能够形成竞争优势和企业的护城河。

胡博士点拨：

产业的五个延伸也很容易理解，即横向延伸、纵向延伸、上游延伸、下游延伸、相关延伸。有了合伙制，可以放心，纵向延伸就是我控股你、你再控股他。

第四节　从合伙制升级到平台化

把企业做成平台，企业才能做大。这个平台到底包括哪些部分？企业做成平台化，平台包括四个部分，支柱、面板、背板、天花板，这也是笔者的归纳总结。企业做成平台，有很多种模式，不仅仅是互联网平台。

一、支柱

支柱，就是平台。平台有几个部分：能把这个台子垫起来的柱子，这就是公司的核心资源；公司有资金、平台、政府关系、品牌等，称之为核心资源。比如跨境电商公司，公司在海外有良好的供应商，在中国是独家代理，这就是跨境电商公司的核心资源，这个核心资源是支撑整个平台最重要的力量。所以我们做平台的时候，都是先把核心资源挖掘出来。

二、面板

企业平台的主要结构中，面板就是共性服务。可选择搭建面向现有行业的整合型平台，通过总部平台对下属阿米巴经营单元提供服务，并通过市场化的阿米巴内部交易机制设计，明确集团总部与各业务板块之间、业务板块之间、业务板块内部的利益分配、内部交易机制，以合伙人改造的方式大规模整合、收编行业内企业、团队，形成众多扁平化、自组织的阿米巴经营单元，将经营重心下沉，释放组织整体效率。

三、背板

如果在空中搭一个舞台，永远没有背景，这种舞台是不好看的。就像电影，没有背景也不精彩。所以，公司里一定会有一个理念文化，这个理念文化就是你的背景。所有的人来了，都是在这个背景下跳舞。

企业平台结构的背板是理念文化。企业平台并不是简单的商业利益叠加，而是需要建设团结、有气魄、有格局的企业理念文化体系，从使命、价值观上面完成对企业平台所有主体的融合和统一，从而实现彼此基于平台更大的商业认同并彼此维系。

企业平台化后，员工与组织之间的关系发生了较大的变化，很多企业需要思考的问题是：以什么样的价值吸引人才加入平台？怎样驱动原来的员工接受和实现平台化的发展？而员工层面要考虑的问题是：我为什么要接受一个平台型组织？如何管理一个新的组织和新的平台？传统的管理者能够实现这样的转变吗？

企业平台化的优势在于自由组合、市场驱动、创新驱动、利益共享等。基于此，企业要创建有竞争力和可持续的平台，要持续地吸引个体加入平台放大价值，就必须重视理念文化的建设，需要进一步由组织向个体倾斜、强化个体的分享机制等。

四、天花板

天花板，就是不能犯规的天条，就是审计监察。

企业平台结构的天花板是审计监察。在企业平台转型的过程中，注重企业的经营效率提升的同时，也要注重对风险的管控。

企业平台为什么要审计监察？平台型企业需要高水平和更严格的内部审计制度。能客观监督企业出台政策的落实，能提供准据的审计数据和报告，进而提升企业经营的效率，提升效益。

企业平台通过审计监察来对自身的财务状况及经济活动进行相应的评测，来促进企业经营目标的实现。企业平台的阿米巴都有自身的特点，且它们之间的关系十分复杂，利益相关者的联系非常紧密，要在审计工作中处理好这些阿米巴组织的关系是不易的。因此，企业平台需要一个针对每一个阿米巴都适用的审计工作标准，并将这些标准方式确定下来，以统一的标准开展审计工作。如此才能有效地开展企业平台审计监察工作，合理利用资源，实现审计监察工作的目的。

此外，必须加强审计监察机构的独立性。主要是从审计工作的职能部门下手，一是要使审计监察机构和审计人员处于超脱地位，不参与经营活动；二是审计工作的职能部门自身的经济利益与最终的审计结果脱离联系，以保证审计监察机构的独立性。

胡博士点拨：

大家要一起努力去干。特别是当合伙人，大家都成为股东或者经营者，积极性就提高了。我们按照贡献价值来做，把每个人的积极性激发出来，创造力肯定是不一样的。

本章总结

⊙企业的业务扩大、区域扩大、人数扩大，导致合伙范围扩大。通过推行合伙人机制，把更多的员工变成合伙人。

⊙搭建起多层次合伙人架构，合伙层次也要晋级化，从而有效地激励合伙人。在管理实践的应用中，企业根据自身需要把合伙人细分为项目制合伙人、事业部合伙人、阿米巴合伙人、公司级合伙人等不同级别和多个层次。

⊙产业链延伸与整合是企业转型升级的重要路径之一。

⊙把企业做成平台，企业才能做大。这个平台包括四个部分，支柱、面板、背板、天花板。

第八章

合伙制风险规避

合伙制风险规避是在考虑到某项行为存在风险损失的可能性较大时，采取主动放弃或加以改变，以避免与该项行为相关的风险的策略。将风险因素消除在风险发生之前，因而是一种最彻底的控制风险技术。当项目风险潜在威胁的可能性极大，并会带来严重后果且损失无法转移又不能承受时，风险规避是一种最有效的风险管理方式。

在实施合伙制时，责重与权大机制、目标与考核机制、审计与监察机制、分配与激励机制、退出与结算机制的设立，保证了合伙人机制始终保持活力，并帮助公司将风险控制在可以接受的范围内。比如建立明确、合理的合伙人选拔与退出标准及流程，是企业合伙人资格动态调整的基础，是帮助公司及时择优汰劣的重要管理工具。

合伙人所持股权通过什么方式退出、退出价格在不同情况下是否有不同标准，也应当在事前有明确的约定。既可传递公司的管理导向，也可避免公司激励资源不必要的损耗，从而降低公司未来面临法律争议的风险。

第一节　四大潜在风险

合伙人制已经被很多公司应用得很广泛了。合伙人制可以发挥人力资本的最大价值，必然会大受追捧，但也要注意一些潜在的风险，比如目标没有达成、信息过多披露、上下集体跳槽、上级失去控制等。

一、目标没有达成

目标是企业的生命。任何一个组织都必须有特定的目标，从最低的生存目标到最高的持续增长的目标。合伙企业的目标就是要赚钱，但赚钱可能主要是投资人、合伙人的目标。如果企业投资人的这个目标根本无法实现，他们就不会投资，就不会聘用员工。如果这个目标长期没有达成，这个组织的生命就终结了，组织就会以自然解散的方式消亡。

最完美的风险规避手段，也不能完全消除一个企业的风险。所以，目标没有达成，对于合伙人来说就是最大的潜在风险。因此，做合伙人一定要有承受挫折的能力，还要愿意冒风险。一般而言，合伙企业有如下几个关键目标。

第一，生存目标。当企业发生了重大损失后，它的首要目标是生存，因为只要生存下去就能有恢复发展的希望。比如一个企业无法生产，就没有产品可以销售，也就没有了收益，从而导致破产；如果企业因“黑天鹅事件”而失去市场，生产的产品就会积压，长期下去就会破产；如果“黑天鹅事件”影响的是资金，使企业资金运转困难，到期不能偿还债务，也会导致破产；同样，管理上的风险也会给企业的生存带来威胁。

第二，获利能力目标。企业发生损失后，合伙人需要关心的一个问题就是损失事件对企业获利能力的影响。合伙人必须把损失控制在一定范围内，在这个范围内企业获利能力不会低于最低报酬率。

第三，收益稳定目标。收益的稳定性对合伙企业来说是极为重要的，因为它可以帮助企业树立正常发展的良好形象，增强合伙人的投资信心。

第四，发展的目标。企业的生产经营如“逆水行舟，不进则退”，企业只有不断地推出更新更高品质的产品，才能牢牢地吸引顾客。企业只有不断地开拓新市场，才能在市场上占据领先地位。企业如果停滞不前，在原先的业绩上徘徊，就会被排挤出市场。

实施合伙制，如果以上目标没有达成，就会成为合伙企业潜在的风险。风险的存在，成了企业发展潜在的阻力，带来的损失会给企业的发展带来极大的冲击。为了实现发展目标，合伙人必须建立高质量的风险规避计划，及时有效地处理各种损失结果，使企业在损失发生后能迅速取得补偿，为企业继续发展创造良好的条件。

二、信息过多披露

如果你不当合伙人，不当股东，就不知道公司的营业额、毛利、净利、资产回报。当然，原则上，股东有权利知道财务报表的信息，但是公司没有责任给每个人都发一份，更不会公开财务信息。

很多企业由于制度、文化等原因，都不愿过多地披露企业的信息，他们担心企业信息的披露会带来经营风险。

企业实施合伙制，对股东、合伙人、投资人披露财务信息有其必要性。这是合伙企业筹措优质资金的要求。但信息过多披露，也会给合伙企业带来潜在风险。从市场竞争的角度来说，财务会计信息提供得太多，容易造成商业秘密的泄露，一旦泄露，合伙企业将处于不利的竞争地位。

三、上下集体跳槽

企业上下集体跳槽的背后，通常隐藏着违规问题或巨大的经营风险。随着互联网的发展，公司高管离职呈井喷之势，主要表现为高管集体跳槽。

集体跳槽潜在的风险，一方面企业集体跳槽、管理层“大换血”、高管集体引咎辞职等高管集体离职行为往往预示着企业经营不善，这些都容易引发公司的形象危机；另一方面核心管理层集体跳槽，带走公司的技术机密及相关人才自己创业，往往会让企业损失惨重。如表 8－1 所示。

表 8－1　哪些人群容易集体跳槽

人群	容易集体跳槽的原因
高管人员	1. 在外有人脉，威信较高；在内有职权，员工愿意跟随跳槽 2. 一人空降到其他公司很难有所作为，集体跳槽可以增加谈判的筹码
核心骨干	1. 有技术“傍身”，往往通过集体跳槽抬高身价 2. 很多技术是一条链，相互配合紧密，一人出走未必能做出成就
师徒关系	1. 原本就有师徒关联、上下级关系等 2. 某些工种，如大型印刷机、瓦楞纸机的操作讲究配合默契
新兴行业	1. 新兴行业发展很快，而人才供给严重不足 2. 这些公司管理不完善，员工没有安全感

上下集体跳槽的产生根源，主要有如下几点。

（1）个人

期望失落：成就感得不到满足，理念发生冲突。

利益驱使：利益得不到满足或未兑现承诺，且外界诱惑太大。

天生反骨：50 岁了跳槽 20 次，每次都认为是别人的不对。

（2）企业

经营不善：订单不足、被动降价、入不敷出、削减人员。

功高盖主：老板有被架空的感觉，逼走一人未料带走一群。

老板不仁：老板不仁义，失去人心。

制度缺失：责、权、利、监督不明，双方理解日益出现偏差。

积怨难返：理念与个性长期冲突，一点就爆发。

四、上级失去控制

控制权是指拥有公司一定比例以上的股份，或通过协议方式能够对其实行实际控制的权力，即对公司的一切重大事项拥有实际上的决定权。实施合伙制，如果上级失去控制权，将给合伙企业带来潜在的风险。企业创始人因股权处理不当，给自己带来惨痛教训的案例比比皆是。

2010 年，1 号店以 80% 股权为代价从平安融资 8000 万元。后来，平安又将 1 号店控股权转让给了沃尔玛，最终沃尔玛全资控股 1 号店，于刚离开；

2015 年，俏江南创始人张兰离开；

2016 年 1 月，去哪儿网的创始人庄辰超因不敌拥有约 68.7% 投票权的百度，无力反对去哪儿网与携程的正式“联姻”，最终选择出走；

2016 年上半年，万科股权大战炒得沸沸扬扬，其创始人王石早在 1988 年就放弃了个人股权，因此当宝能一举成为最大股东，王石面临出局万科的窘境。

控制权就是要在公司掌握权力。想要实现创始人的控制地位，规避失去控制权而给企业带来潜在风险，首先就要明白公司的治理结构、决策机制及合伙制的实施策略，从而掌握控制权存在的关键地方。

胡博士点拨：

如果合伙制的机制没做好，就会有风险。做好了，找一些有经验的人来做，这个风险基本是可以避免的。

第二节　合伙制风险规避方法

实施合伙制中潜在的风险如果处理不当，容易“一着不慎满盘皆输”。因此，我们可以采取风险控制、风险转嫁、回避等措施规避风险。归纳起来，合伙制风险规避主要有如下几种方法。

一、目标管理的操作方法

实施合伙制，目标管理具有一定的激励功能。目标是靠每个阿米巴成员实现的，由于目标是个人亲自制定的，对其有充分的理解，个人主观上认为达到目标的概率很高，同时足够重视，这样个人总是希望通过一定的努力达到预期的目标，并激发出很强的工作力量，产生强大的内在动力，在工作中实现自我控制。用自我控制的管理代替上级主管压制性的管理，能充分发挥阿米巴组织成员工作的聪明才智和创造性，也有利于增强员工的责任感。

因此，解决目标没有达成的潜在风险，其风险规避操作方式总结为：

（1）目标的设置

这是实施合伙制目标管理最重要的阶段。

第一，高层管理预定目标，这是一个暂时的、可以改变的目标预案。既可以上级提出，再同下级讨论；也可以由下级提出，上级批准。无论哪种方式，必须共同商量决定。领导必须根据企业的使命和长远战略，估计客观环境带来的机会和挑战，对合伙企业的优劣有清醒的认识，对组织应该和能够完成的目标心中有数。

第二，重新审议阿米巴组织结构和职责分工，要求每一个分目标都有确定的责任主体。因此，预定目标之后，需要重新审查现有阿米巴组织结构，根据新的目标分解要求进行调整，明确目标责任者。

第三，确立下级的目标。下级明确组织的规划和目标，然后商定下级的分目标。分目标要具体量化，便于考核；分清轻重缓急；既要有挑战性，又要有实现的可能，支持本阿米巴单元和企业目标的实现。

第四，上级和下级就实现各项目标所需的条件，以及实现目标后的奖惩事宜达成协议。

（2）实现目标过程的管理

合伙制的目标管理重视结果，强调自主、自治和自觉，并不等于领导可以放手不管，相反，由于形成了目标体系，一环失误，就会牵动全局，从而给企业带来潜在的风险隐患。因此，领导在目标实施过程中的管理是不可缺少的。

（3）总结和评估

达到预定的期限后，下级首先进行自我评估，提交书面报告；然后上下级一起考核目标的完成情况，决定奖惩；讨论下一阶段的目标，开始新的循环。如果目标没有完成，应分析原因、总结教训，切忌相互指责，保持合伙人之间相互信任的气氛。

二、信息披露的风险规避方法

关于财务信息公开与商业秘密保护之间的矛盾是多方面的，当企业实施合伙制，对商业秘密的保护受到广大投资者和合伙人知情权的挑战。合伙人只有在全面了解企业的信息并做出相应判断的前提下，才会予以投资和入伙。

适度的信息披露从管理实践角度而言，其核心问题便是披露信息的取舍问题，需要对信息披露的上限做出界定。

第一，公开披露年度企业业绩时，应只限于企业在一个会计年度内的经营总收入、税收收入等经济业绩，不应披露企业为实现经营业绩而采取的具体措施。

第二，在公开年度股利分配方案时，应以公开税后利润的分配比例和股红利派发配额为限，不应涉及董事会为什么确定这样的方案和相关讨论内容。

第三，在披露年度业绩报告时，应公开合伙企业在会计年度内实现财务目标而采取哪些措施，增加和拓宽哪些经营项目并取得经营成果。不应涉及企业营销措施的具体内容、经营管理技巧的形成过程、新产品的设计等。

第四，在公开企业资产负债表、损益表、财务状况变动表时，不能将企业的成本费用资料等企业内部管理报表毫无保留地交给企业以外的人员。

第五，公开企业下一年度的利润预测及前景分析时，只能披露企业下一年度的营业收入和利润总额的预测结果。而对于为实现财务目标将要采取的措施和增加的项目，对项目的实施过程、步骤、资金安排等不能披露。

三、上下集体跳槽的改善方法

（1）未雨绸缪

确定高危人群：掌握大客户、渠道资源、核心技术、大权者。

防人之心早备：以薪酬、晋升挽留；趁早签订竞业协议。

培养接班人选：列入绩效协议、明确选人标准、实施开发计划。

（2）财散人聚

内部独立核算：划小利润或成本中心，让他们成为内部老板。

出资购买股份：不出钱则不珍惜。

提高关联福利：收入可以带走，高福利则其他公司未必能有。

（3）权力分化

核心技术分化：细分环节汇总到股东；标准化，不指望英雄。

客户渠道归公：由公司跟进、让利而非个人；淡化个人关系。

矩阵分权制衡：专业与行政并存、三角权力制衡、事前监控。

（4）高危人群的特征

企业有50%以上的新客户来自某个人；企业的“回头客”出于信任某个人物；经销商认识某个销售人员而不认识老板；以超出企业规定的定价出售产品；某人将业绩、工资、奖金直接分配给手下；关于市场战略会议，没有通知企业的最高领导参加；嫡系外部队被排除在核心团队之外；拒绝交出客户资源；拒绝非亲信人员辅助工作；拒绝财务审计等。

（5）改善方法的重点讲解

比如高管经理人责权利系统，如表8－2所示。

表8－2　高管经理人责权利系统

序号	主要书面成果	成果内容简介
1	深度调研	行业背景、企业背景、引进高管的背景、目前合作状态、董事会重点关注
2	高管职责描述	上下级直属关系、主要职责及见证成果、常遇困难列举、工作中易犯错误列举
3	高管胜任力模型	心态要求、基本素质要求、专业能力要求、经验与成果要求
4	高管领导力模型	方针管理能力、组织与文化建设能力、资源与关联网整合能力、决策力

续表

序号	主要书面成果	成果内容简介
5	高管权限方案	高管人事权、业务权、财务权、信息权等权限一览表、权限管理制度
6	高管汇报方案	汇报对象、汇报内容规范、汇报数据、汇报样表
7	高管监察机制	监察机制、行为规范过程监管、结果审计、离任审核
8	高管绩效管理	战略性指标、年度经理性指标
9	高管年薪制设计	年薪总额的确定、年薪结构及比例设计、年薪与企业和个人绩效的关联
10	高管人才测评	建立高管人才评估模型、分析高管人才的心理特质、价值取向
11	高管培训设计	高管培训需求调查、高管培训体系设计、高管培训体系评估指导

四、控制权风险规避策略

股权融资已成为企业获取资本的主要方式，但企业进行股权激励必然会加大企业的控制权风险。引入股权融资是一把双刃剑，机遇与风险是并存的。企业在引入股权投资的过程中，怎样把融资放在自己的可控范围之内，牢牢地将企业的控制权掌握在自己手中，成为企业创始人在进行股权融资时必须考虑的问题。

实施合伙制，控制权风险规避策略主要有两点。

第一，严格控制股权融资规模。公司创始人进行股权融资时要以保护控制权为第一要务。控制融资规模、规避控制权风险，因为企业接受的投资款越多，出让的股权就越多，容易导致上级失去控制权。比如阿里巴巴，马云当时融资只接受了软银一家投资，而且只接受了 2000 万美元。马云也以超前的经营理念吸引了很多高级人才加入阿里巴巴，将股东和管理层牢牢地连接在一起，加强了马云对阿里巴巴的实际控制权，降低了丧失控制权的风险。

第二，实施合伙制。推行合伙人制度来规避控制权风险。阿里巴巴创立的合伙人制度，通过公司章程和相关合伙协议，赋予合伙人提名董事会中大多数董事的权力，使合伙人拥有超出其持股比例的董事会控制权。合伙制的实施，有效地防止了“野蛮人”的入侵，公司的决策、管理权也都牢牢地控制在阿里巴巴的创始人团队手中。马云团队控制了阿里巴巴，控制了董事会，保证了公司控制权不旁落他人。

胡博士点拨：

商业很残酷，不是人人都可以玩得起很多残酷的游戏的。所以，我采用了层层控制，作为大股东控股80%或者70%，剩余的股份由员工分配。要么总部直接控制，控制三四层，就不会有太多的风险。

本章总结

⊙合伙制潜在的风险，主要有目标没有达成、信息过多披露、上下集体跳槽、上级失去控制。

⊙目标没有达成，对于合伙人来说就是最大的潜在风险。

⊙企业实施合伙制，对股东、合伙人、投资人披露财务信息有其必要性，这是合伙企业筹措优质资金的要求。但信息过多披露，也给合伙企业带来潜在风险。从市场竞争的角度来说，财务会计信息提供得太多，容易造成商业秘密的泄露。

⊙企业上下集体跳槽的背后，通常隐藏着违规问题或巨大的经营风险。

⊙实施合伙制，如果上级失去控制权，将给合伙企业带来潜在的风险。企业创始人因股权处理不当，给自己带来惨痛教训的案例比比皆是。

第九章

剖析名企合伙制

剖析名企合伙制，旨在通过对标管理，以行业内或行业外的一流企业的合伙制作为标杆，从合伙制方面与标杆企业进行比较、分析、判断，通过学习名企推行合伙制的先进经验来改善自身的不足，从而更有效地推动企业向业界最好水平看齐。

第一节　阿里巴巴：占股 5% 的马云如何用合伙制控制整个公司

从 2010 年开始，阿里巴巴集团开始在管理团队内部试运行“合伙人”制度，每一年都选拔新合伙人加入。合伙人作为公司的运营者、业务的建设者、文化的传承者，同时又是股东，最有可能坚持公司的使命和长期利益，为客户、员工和股东创造长期价值。而马云才拥有 5% 的股份，他是如何利用合伙制控制整个公司的呢？

一、阿里巴巴合伙人制度的特点

阿里巴巴合伙人制度不同于传统的合伙企业法中的合伙制，也不等同于双重股权架构。在阿里巴巴合伙人制度中，由合伙人提名董事会的大多数董事人选，而非根据股份的多少分配董事席位。这种制度创新在中国公司乃至全球都是罕见的，其最大的创新意义在于以科学的制度延续公司的生命线，公司的经营权和战略方向掌握在创始人和一群对公司有强烈认同感的管理者手中。

阿里巴巴合伙人制度为中国公司解决了接班人的问题，制造了创新样本。一位与会的投资机构代表认为，这意味着阿里巴巴的公司治理已经告别个人英雄主义和对创始人的依赖，这家正在走向全球的公司表现出了这种决心和勇气。

二、阿里巴巴合伙人制度的关键

阿里巴巴合伙人制度可以加深管理层的合作，摒弃官僚主义和层级制，对公司的经营管理大有裨益。阿里巴巴合伙人的人数不是固定的，可能会因新合伙人的加入，现任合伙人退休或合伙人因故退出而出现人数上的变动。

阿里巴巴合伙人的结构能够通过每年加入新合伙人来实现动态更新。这种方式有助于保持和促进公司的卓越性、创新性和可持续性。与试图将投票权集中在少数创始人手中的双重股权结构不同，阿里巴巴合伙人制度体现了大多数管理层合伙人的共同愿景。这样的结构也是我们考虑到合伙人退休后为保存和延续创始人所构建的企业文化而设计的方案。

通过总结和归纳阿里巴巴在合伙人制度建设方面的经验，其关键在于：

第一，全员持股计划。阿里巴巴在公司成立之初便推行了全员持股计划。这里说的全员持股，并不是公司的所有员工都持有股份，而是指针对公司全体员工的持股计划。具体是指，那些满足一定条件的阿里巴巴员工，均有资格持有一定数量或比例的阿里巴巴股份，不具备相应条件的员工虽然暂时不能持有公司的股份，但未来有希望持有。总之，阿里巴巴的员工持股计划是针对所有员工开展的。

有资料显示，截至 2014 年 9 月 19 日阿里巴巴在纽交所上市之前，阿里巴巴的股权结构为：日本软银持有 34. 4%，美国雅虎持有 22. 6%，马云和蔡崇信共持有 12. 5%，其余股份为关联公司和阿里巴巴的员工持有。其中，阿里巴巴员工持有比例为 3% 左右。让员工从公司的发展中获得红利，是阿里巴巴合伙人制度的核心内容和重要前提。

第二，与全员持股配套的管理制度。员工持股，还要有与员工持股计划相配套的管理制度，包括公司的事业梦想与业务逻辑、公司选拔和任用人才的标准、公司考核和奖罚人才的标准、公司的文化准则和人才培养体系。正是这些管理相关内容的存在与不断完善，才使得阿里巴巴的员工股权激励计划得以顺利落地和基本有效。

三、阿里巴巴的合伙机制

阿里巴巴实施合伙制，通过制度安排，保证公司控制权掌握在核心创始人及管理层的手中，以便传承他们所代表的企业文化，并使公司按照他们的经营管理意志向前发展。

由于阿里巴巴在发展过程中需要不断地对外融资，不断融资的过程，就是不断稀释公司创始人团队所持股份的过程。在这种背景下，如果按照一般的“同股同权”法则进行操作，当外来投资人成为阿里巴巴公司的大股东以后，公司创始人所拥有的权力就会随着他们所持股份的被稀释而有可能旁落，甚至面临被大股东赶出董事会的风险。现实中，这类例子并不鲜见。在这种背景下，马云推行“阿里式”合伙人制度，并获得了公司大股东软银和雅虎的支持。

阿里巴巴的合伙机制，有如下独特之处。

（1）合伙人的资格要求

合伙人必须在阿里巴巴服务满 5 年；合伙人必须持有公司的股份，且有限售要求；由在任合伙人向合伙人委员会提名推荐，并由合伙人委员会审核同意其参加选举；在一人一票的基础上，超过 75% 的合伙人投票同意其加入，合伙人的选举和罢免无须经过股东大会审议或通过。

此外，成为合伙人还要符合两个弹性标准：对公司发展有积极贡献；高度认同公司文化，愿意为公司的使命、愿景和价值观竭尽全力。

（2）合伙人的提名权和任命权

合伙人拥有提名董事的权利；合伙人提名的董事占董事会人数一半

以上，因任何原因董事会成员中由合伙人提名或任命的董事不足半数时，合伙人有权任命额外的董事，以确保其半数以上董事控制权；如果股东不同意选举合伙人提名的董事，合伙人可以任命新的临时董事，直至下一年度股东大会；董事因任何原因离职，合伙人有权任命临时董事以填补空缺，直至下一年度股东大会。

阿里巴巴合伙人的提名权和任命权，可视作阿里巴巴创始人及管理层与大股东协商的结果。通过这一机制的设定，阿里巴巴合伙人拥有了超越其他股东的董事提名权和任免权，控制了董事人选，进而决定了公司的经营运作。

（3）合伙人的奖金分配权

阿里巴巴每年会向包括公司合伙人在内的公司管理层发放奖金。其在招股书中强调，该奖金属于税前列支事项。这意味着合伙人的奖金分配权将区别于股东分红权，股东分红是从税后利润中予以分配，而合伙人的奖金分配将作为管理费用处理。

（4）合伙人委员会的构成和职权

合伙人委员会共 5 名委员，负责审核新合伙人的提名并安排其选举事宜；推荐并提名董事人选；将薪酬委员会分配给合伙人的年度现金红利分配给非执行职务的合伙人。委员会委员实施差额选举，任期 3 年，可连选连任。合伙人委员会是阿里巴巴合伙人架构中最核心的部门，把握着合伙人的审核及选举事宜。

（5）阿里巴巴合伙人制度的长期性和稳定性

首先，从规则上增加了合伙人制度变更的难度。阿里巴巴合伙人制度变更，需通过董事批注和股东表决两重批准。

其次，与大股东协议巩固了合伙人的控制权。阿里巴巴合伙人与软银、雅虎达成了一整套表决权拘束协议，以进一步巩固合伙人对公司的控制权。阿里合伙人、软银和雅虎将在股东大会上以投票互相支持的方式，确保阿里巴巴合伙人不仅能够控制董事会，还能够基本控制股东大会的投票结果。

阿里巴巴合伙人制度对其他企业最直接的启示：只要设计好合伙人制度及其规则，即便在企业发展过程中创始人及管理层只拥有较少的股份，也可以始终掌握住企业经营与发展的实际控制权。公司控制权的架构也可以借鉴双重股权结构，赋予创始股东的股份一股多票表决权，使其控制股东会的表决，从而实现对公司的控制。这就是马云用5%的股份，利用合伙制控制整个阿里巴巴的过程。

胡博士点拨：

马云也是这么做的，事业合伙人所谓的理念一致，即听马云话的人，跟马云的决策贯通。首先是层层控股、层层控制。

第二节　韩都衣舍：平台化 + 阿米巴 + 合伙制的成功典范

通过内部孵化、合资合作及代运营等，韩都衣舍品牌集群达 70 个，覆盖女装、男装、童装、户外等全品类。韩都衣舍“以产品小组为核心的单品全程运营体系”，是企业利用互联网提升运营效率的一个成功案例，也是实施平台化 + 阿米巴 + 合伙制的成功典范。

一、韩都衣舍的入伙要求和决策机制

（1）按职业经理人的标准找合伙人

韩都衣舍的成功，最重要的是合伙人制，韩都衣舍是按照职业经理人的标准来找合伙人的。韩都衣舍合伙人在此后的组织建设和不断进化过程中起到了非常重要的作用。

韩都衣舍有六位重要的合伙人，他们有不同的专业背景、不同的工作经历、不同的思维方式，负责不同的业务部门，股东与职业经理人身份完全重合，无须多协调一重关系。

（2）合伙人的沟通机制

及时的沟通：建立工作群，任何事情都可第一时间进行沟通。

随时的交流：韩都衣舍食堂专门留出一个房间供合伙人使用，快速协商公司的大小事情，这一习惯被保留至今。

定期的会议：韩都衣舍内部有个“萝卜会”，就是合伙人之间的头脑风暴大会，每周召开一次。

随着韩都衣舍的发展，“萝卜会”也在不断壮大，现在总监等其他中高层也都加入“萝卜会”，为公司的发展献策献力。

（3）合伙人的决策机制

六位合伙人的专业背景和工作经历各不相同，容易产生不同的观点，韩都衣舍合伙人之间定了下一个原则：相互信任，无限容忍。

相互信任，相信彼此的观点是从公司的立场考虑的，而非为了个人利益。同时，要容忍其他人的缺点，以便发挥各自的优势。

对内部，重大事项需要有三个以上的董事同意才行。对外部，前面加入的五位合伙人共同签署了《一致行动协议》。此外，各方共同作为公司的经营管理决策者，对公司的生产经营及其他重大事务的决定或执行在事实上保持一致。

二、建立赋能型的小组制

韩都衣舍的小组制，类似阿米巴经营模式。但它有许多创新机制。

（1）小组制的总原则

A. 员工自由组合，组成三人小组，小组负责非标准化的环节，如选款、页面制作、打折促销等。

B. 标准化环节，如客服、市场推广、物流、摄影等由公司来做。

C. 人资、财务、行政部门等由公司负责，实行倒三角的三级管理，公司各部门为小组服务。

D. 公司层面成立企划中心，统筹全局，根据历史数据参考年度的波峰波谷节奏制定目标。将品类目标分解到各个小组，各小组在月度、季度、年度都有细分的考核指标。

（2）小组成员的构成

基本小组由三人组成：一个设计师负责设计；一个负责运营推广，

传统商业叫导购；还有一个货品专员，负责采购和供应链的组织。小组成员可自由组合，不合适的人可以退出，也可实行重组。

A. 组长决定组员的奖金分配。公司对小组进行考核，根据考核情况分配资金，而组员的资金由组长分配。组长想留下组员，除了合理地分钱，还要提升自己的能力，带领小组创造业绩。

B. 允许 1 人小组存在。如果组员还没离开自己的组就与别人商量离组之事，就会影响现在组长的态度。所以，韩都衣舍设计了 1 人小组制，避免各种纠葛而影响公司的发展。

C. 建立重组的财产分割制度。韩都衣舍建立公平合理的财产分割机制，帮助小组和平分手和顺利重组。有了这样的机制，实现组员充分的自由竞争和组合，帮助员工努力提高自己的能力。

（3）小组的权限

在企划部制定的总目标下，各小组的权限：决定选什么款式、各款式多少个颜色、多少个尺码、相应的库存是多少、各款式售价的确定、参加什么促销活动由小组决定、打折节奏和程度也由小组决定。

（4）公司对目标的控制

公司按历史数据制定年度目标，再把目标分配到各小组，小组按目标任务获得可用资金额度。这样的机制下，小组会衡量自己的能力和风险后做抉择，不会乱报高目标。公司强制分配的任务没有风险只有可能的收益，小组也就愿意接受。

（5）小组考核和奖励

韩都衣舍的奖金制度是非常透明和清晰的。小组奖金 = 销售额 × 毛利率 × 提成系数，提成系统则与业绩完成率、毛利率、库存周转率等有关系。

小组的奖金不是由公司来决定的，是自己干出来的，各小组基本上可以算出来自己能拿多少钱，想多拿钱就多努力。公司每天早上会公布前一天的销售排名，小组会受很强的刺激。

在这种机制下，组长以老板的思维方式去看数据，制定产品策略，并关注毛利和库存指标，积极主动提高业绩。

韩都衣舍目前已有300多个小组，按小组数量设置主管、经理为小组协调资源，主管、经理的奖金与小组的计算公式一样，他们才有动力去帮助小组完成任务。

三、与小组制配套的组织设计

与小组制配套的组织设计，主要是设计倒三角的服务型组织。

韩都衣舍的管理架构分为三层：一是与品牌相关的企划、视觉、市场部门；二是IT、供应链、物流、客服等互联网支持部门；三是人力、行政、财务等行政支持部门。

整个公司的核心是产品小组，而市场、企划、设计、客服、行政、财务等部门全是小组的支持部门。

韩都衣舍以小组为中心，其他部门都为小组服务，所有公共资源与服务都围绕着小组去做。

在韩都衣舍，小组和小组之间的竞争是非常激烈的，每个小组都是在给自己干。对于小组来说，如业绩不好，一是影响收入；二是影响排名，排名涉及荣誉感；三是影响小组的稳定性，组员可能会去别的小组，所以对影响其业绩的事情，组长会毫不犹豫地投诉。

四、员工的股权激励

联合创始人与投资人签署的股东协议已约定，董事会采用员工持股计划，提供为期4年的限制性股票期权授予计划，第一年分配25%的利润，剩下的75%的利润在接下来的3年里被等额分期分配。

韩都衣舍也先后成立了4个员工持股平台，已有155名员工参与员工持股计划。

五、韩都衣舍平台化

韩都衣舍从 2015 年开始提出“二级生态”的布局，有自主品牌、合资品牌和代理品牌。

（1）成熟品牌走出去

公司有出有进，一是要让小的、有明确定位的外部团队进来；二是内部只要成熟了，就会让它出去。

（2）搭建设计师平台

韩都衣舍提出的“云时尚平台”计划：搭建一个让所有人都可以在上面设计制作衣服的低成本创业平台，这个平台能够提供打版、生产、拍照、营销、客服等环节的服务，为所有想要创立服装品牌的独立设计师提供生产供应链支持和后台管理服务，设计师只要把设计图上传到这个平台上，韩都衣舍会找专业的供应商帮你打版，用选择的材料制作样衣。设计师可以瞬间从一个没有专业资源的民间高手变成有后备专业供应商的独立设计师。

（3）品牌代运营

韩都衣舍经过多年的积累，培养了强大的网络运营能力和系统支持能力，比如自主研发的商业智能系统，从订单处理系统（OMS）到仓储管理系统（WMS）、企划运营管理系统（HNB）、供应链系统（SCM）再到商业智能集成系统（BI），已经形成一个完整的运营体系。

（4）品牌孵化

韩都衣舍还会成立孵化器，孵化一些品牌，包括网红品牌。

为什么说韩都衣舍是平台化 + 阿米巴 + 合伙制的成功典范？大部分公司是控制型管理，老板和管理层高高在上，让员工去执行。一是老板不愿意放权；二是老板没耐心让员工试错。

而韩都衣舍强调服务性管理，决策权在每个小组手上；公司把握大方向，愿意给员工试错的机会，快速纠错也是韩都衣舍走到今天的关键因素之一。

胡博士点拨：

几个人合作，设计服装的时候就想好了怎么卖，所以他们要对这款服装的结果负责。这几个人实行的是合伙制，因为生产跟加工是要收费的，这个服装生产了可能一件都卖不出去，但加工费要付，所以是要出钱的。

第三节　万科地产：用事业合伙制 + 项目跟投制做大

万科在推行职业经理人制度多年后，从 2010 年推行对赌制度、事业合伙人、项目跟投多项员工激励制度，把员工变成合伙人。尽管面临的各方面竞争十分激烈，但万科业绩依然持续增长，人员依然保持稳定，事业合伙人和项目跟投制度起到了凝聚团队的重要作用。

万科地产事业合伙制 + 项目跟投制是做大典范，有哪些可借鉴之处？

一、事业合伙人制度

万科作为上市公司，股东除了看重企业的盈利能力外，还看重股市上的表现。虽然万科的价值一直在增长，但 2014 年万科股票猛跌，万科管理团队觉得这是团队的耻辱。为了向股东证明，在股价上管理团队和股东也是共同进退的，甚至管理团队需要比股东承担更大的风险，2014 年 4 月万科开始了事业合伙人的尝试，要求万科员工自己掏钱购买万科的股票，跟股东同声气、共冷暖。

（1）事业合伙人的参与人员

万科事业合伙人包括：在公司任职的 8 名董事、监事及高管，集团公司总部一定级别以上的员工，地方公司一定级别以上的员工。

事业合伙人持股计划是一个开放的计划，将来会有更多的员工在自愿的原则下加入事业合伙人计划。

（2）购买股票的资金来源

管理团队的经济利润奖金进入集体奖金账户，每期奖金封闭运行3年，封闭期内不兑付到具体个人，引入融资杠杆交给第三方用于购买万科的股票，第四年再付清融资本息，同时承诺在集体奖金所担负的返还公司的或有义务解除后，才可拿到第一年的奖金。

在资金额度方面，高管有下限要求，投入资金不得低于一定的数额，以确保高管和股东利益的捆绑；非高管的员工有上限要求，投入资金不能超过一定金额，以降低股价波动给员工带来的风险。

（3）事业合伙人操作方式

万科合伙人持股计划超越了一般的股权激励，管理层身份转变为职业经理人和事业合伙人二合一，不仅“共创、共享”，还要“共担”，管理层不仅要自己掏钱买股票，还要引入杠杆扩大风险和收益，承受比股东更大的投资风险。

二、项目跟投制度

事业合伙人制度的参与人群主要是管理团队，大量员工没参与进来，万科随后推出项目跟投制度，所有新项目配套跟投计划，项目操作团队必须拿出自己的钱和公司共同投资。

（1）项目跟投的参与人员

项目所在区域公司管理层必须跟投。项目所在城市公司的管理层必须跟投。项目的管理团队必须跟投。除集团公司董事、监事、高级管理人员外的其他员工可自愿参与跟投。

（2）跟入的资金占比

每个项目的具体跟投数量由当地公司的成员自己协商，假设一个公司有10个项目，每个项目最少要投入30万元，每个项目必须投入那么多钱。这种强制性的要求只是为了防止作弊行为的发生，避免某个管理层因为跟一个项目利益关联更大，而将资源倾向该项目。

（3）跟投项目收益分配

跟投制度推出时，跟投人与万科公司按投资比例分配收益。同时，加大了跟投人的责任和风险。

第一，设定门槛收益率，当项目收益率未超过门槛收益率时，优先保障万科公司享有门槛收益率的收益，超过的收益（如有）才分配给跟投人。

第二，设定超额收益率，当项目收益率高于门槛收益率但不高于超额收益率时，万科公司与跟投人按投资比例分配收益。

第三，当项目收益率高于超额收益率时，在超额收益率以内对应的收益，万科公司与跟投人按投资比例分配收益；超额收益率以上的收益部分，跟投人按其投资比例对应收益的1.2倍分配收益。

也就是说，在项目效益一般时，收益可能全部归万科公司，跟投人可能没收益；在项目收益较好时，跟投人才能按投资比例分配收益；在项目收益很好时，跟投人才能得到超过投资比例的收益。

这样的设计，鼓励跟投人努力选取好项目，努力将项目运营出更好的效果，跟投人才能拿到高收益。

投资周期短、回报率好的优质项目受到追捧，常出现超额申购，不被看好的项目则会受到冷遇。

（4）实施项目跟投的效果

实行项目跟投制度后，员工变身合伙人带来的改变是显而易见的。

第一，投资项目更优化。因为利益相关，现在经营团队竭尽全力去寻觅价格合理的投资机会，拿地更谨慎，努力获取效益更好的项目。

第二，决策效率提高。现在项目团队愿意投钱，以前开两小时的项目决策会，现在五分钟就解决了。

第三，运营效率大幅提高。实行项目跟投以后，从拿地到开盘平均时间缩短 5 个月，效率大幅提高。房地产是资金密集型行业，项目周期缩短，意味资金成本下降，周转率提升，利润增加。

第四，部门扯皮少了，员工主动跨界。实行项目跟投后，各部门更愿意跨界考虑问题。实行项目跟投后，各个部门主动配合设计部门寻找替代方案，采购快速找到厂家，不单降低费用和质量风险，还大大地缩短了工期。

第五，主动帮公司节约成本。以前一些地方公司会在项目现场专门建临时办公用房，项目盖完后拆掉，现在会选择租旁边的农民房办公以节约成本。

第六，员工人人变销售。以前销售是营销部门的事，现在员工参与跟投后，主动推广项目；各部门对外接触时，也会留意该企业是不是目标客户……员工变成义务推销员，营销费用降低，销售速度加快。

第七，员工成为义务监督员。以前看到损害公司利益的行为跟自己没关系，举报还怕得罪人；现在自己投了钱，对损害公司的行为不再是视而不见，员工成了义务监督员。

三、产业链合伙人

在员工参与项目跟投取得明显的效果后，万科考虑让合作方也加入进来，将产业链上的利益相关方变成合作伙伴，重构产业生态体系。

如引入施工单位作为合伙人，偷工减料问题是否能从根源上杜绝，工程质量得以保证？

如引入资金方作为合伙人，融资是否更容易？资金成本是否会下降？

把施工单位变成合伙人后，主动加快进度促进销售，项目卖得好、卖得快，他也可以早拿钱、多拿钱。

万科能成为行业标杆，不只是因为规模，更是事业合伙制 + 项目跟投制做大的典范。

胡博士点拨：

万科是跟投。以前是靠这些公司总部的人来定这块土地该不该买，总部的人员总是有限的，如果项目失败了，这是总部同意的。总部因为管不了这么多事情，你自己开单，反正你要跟投，不然就别当项目经理。房地产是需要大笔资金的，你家里有1000万元，你拿200万元、500万元出来，这笔钱在资金总池里面不算什么，但对你个人来讲还是很多的，你就会珍惜。

第四节 “罗辑思维”：哪些机制没有设计好而导致散伙

“罗辑思维”作为自媒体，曾被舆论推为最火的自媒体之一，发展到现在这样的地步的确令人叹为观止。“罗辑思维”的视频在优酷上的总播放量已经高达亿万次，微信公众号数百万订阅粉丝，最吸引眼球的则是两次会员招募，数万会员贡献了近千万元会费收入，并有人给予“罗辑思维”1 亿美元的估值。

然而，2014 年 5 月 18 日却正式宣布“罗辑思维”散伙。这个曾估值 1 亿美元的自媒体为何突然宣告散伙？答案就是：要命的股权结构！合伙机制没有设计好导致散伙。

一、“罗辑思维”的股权架构

“罗辑思维”的股权架构是这样的：该公司申音是大股东，占股比例高达 82.45%，而对独立媒体公司拥有最大贡献值的罗振宇只拥有很少的股份比例。还不足 18% 从持股比例来看，两人所占股份比例悬殊太大，股份结构不合理导致了合伙人最终分道扬镳的结局。

因持有相同的梦想及规避风险而合伙，因利益分割不均而分手。对于满腔热血准备创业的欲成就一番事业的合伙人来说，“罗辑思维”的散伙无疑是非常重要的一堂课。

二、“罗辑思维”散伙与合伙人机制设计

在合伙企业中，创始人之间的股权最初设计和退出机制不明确，都是潜在的风险。在合伙制的设计中，与其等到做大以后再协商修改协议条款，不如在当初就考虑好、设计好。因为股权结构并不单单是拿多少钱、分多少利益的问题，股权结构其实是一个公司的灵魂和基础，如果设置不好，就谈不上有良好的公司治理。不良的股权结构会直接影响公司未来的发展，甚至会导致公司股东对簿公堂，由合作伙伴变为敌人。

“罗辑思维”作为一家合伙企业，能够做到 1 亿美元的估值，与合伙人的资源、能力互补，可以各自独当一面，有着很大的关系。比如有人擅长做内容，有人擅长做推广，有人擅长做技术，有人擅长做管理。像“罗辑思维”的申音和罗振宇，就是一对黄金搭档的合伙人。

“罗辑思维”之所以散伙，也是其合伙机制没有设计好而导致的。其问题主要有：

第一，创业初期股权分配意识淡薄。合伙人不仅要有软交情，还要有硬利益，才能走得更长远。“罗辑思维”在创业初期，罗振宇是央视主持人，被大股东拉出来一起创业。创始成员只顾在一起埋头苦干，没有多想自己的股份比例。等到公司日益壮大、前景日益清晰时，早期的创始成员才开始关注自己的股份比例，这个时候再去讨论如何分配股权为时已晚，矛盾因此爆发。

第二，完全按照出资比例分配股权。股权比例要分资金股和人力股，创业公司不仅要把资金股和人力股分开，而且在知识经济时代，人力股的比例还不能低，否则就不能激励其发挥出最大潜能。对于“罗辑思维”，申音主要负责投资和运作品牌，打造出“罗胖”的明星形象，再通过粉丝会员费赚钱。罗振宇是台前明星，申音是幕后英雄。当“罗辑思维”成功后，各种资源会转过来找“罗辑思维”、找罗振宇，

他们是冲着“罗胖”来的，罗振宇显得越来越重要。从公司的股权结构来看，作为小股东的罗振宇对“罗辑思维”的贡献远大于大股东申音。而两个合伙人之间的股份比例悬殊，无法平衡双方的利益，就出现了散伙事件。

第三，合伙人股权没有退伙机制。股权退出机制不明确，最容易让创业合伙人产生股权纠纷。合伙人没约定退出机制，在投资人给出高估值后，双方对退出价格谈不拢而发生严重分歧。“罗辑思维”合伙人散伙，也与没有退伙机制相关。

胡博士点拨：

“罗胖”是在前台，其实也是后台把他捧红的，但他的股份池太小了，既然要捧这个核心人物，至少要做期权。前期这个人不红，捧他还重要，红了以后捧他就不重要了。

本章总结

⊙阿里巴巴合伙人作为公司的运营者、业务的建设者、文化的传承者，同时又是股东，最有可能坚持公司的使命和长期利益，为客户、员工和股东创造长期价值。通过合伙制，马云才拥有5%的股份，就能够控制整个公司。

⊙韩都衣舍的成功，最重要的是合伙人制，韩都衣舍是按照职业经理人的标准来找合伙人的。韩都衣舍合伙人在此后的组织建设和不断进化过程中起了非常重要的作用。

⊙万科推行对赌制度、事业合伙人、项目跟投等多项员工激励制度，把员工变成合伙人。尽管面临的各方面竞争十分激烈，但万科业绩依然持续增长，人员依然保持稳定，事业合伙人和项目跟投制度起到了凝聚团队的重要作用。

⊙“罗辑思维”，这个曾估值1亿美元的自媒体宣告散伙。合伙机制没有设计好，合伙企业就存在散伙的风险。

第十章

柏明顿咨询客户案例

本章旨在为读者提供一个最全面的阿米巴 + 合伙制实施案例分析。柏明顿的咨询客户主要分布于快消行业、服装行业、医药行业、制造行业和科技行业等。我们通过精选部分行业的客户案例，分析其实施阿米巴 + 合伙制的背景和目标、基本情况、分析所用的理论工具、实施过程、对策探讨，引起进一步的思考，也希望能够提供可以借鉴的思路。

第一节　连锁业态

一、××超市连锁：直营店改造为合伙加盟店

××超市连锁旗下包括3家百货公司、300多家大小超市、旅游地产、通讯、物流、加工制造等公司。但是在电商冲击之下，该公司零售业务日益维艰；多元化发展，管控难度加大。在与柏明顿咨询公司合作之后，进行阿米巴+合伙制+平台化转型，其主要成果是将直营店改造为合伙加盟店，实行公司与店长合伙制，店长成为本店的大股东。通过合伙制，降低了运营成本，提升了运营效率和营业收入。

1. 平台化转型方案

（1）定位、战略、战术

将集团定位“生活服务平台”，整合市内各种生活服务资源，纵向深度发展，一改零售产业以前多次“走出去、铩羽归”的局面；在大力发展O2O模式，巩固零售份额的前提下，又增加了生活服务的收入。

（2）文化、管控、创业

A. 从思想上去除“阿姨级”管理人员，真正贯彻服务、诚信的理念。

B. 将业务管控权力下移到各级巴长，总部保留战略、投资、监审等职能，精兵简政。

C. 先从门店开始，实行员工内部创业，强调“在线大于在册”、利

他共赢的经营理念。

（3）把企业做成平台

A. 梳理、整合、优化集团的资源，包括品牌、资金、文化、人才、物业、物流、融资、供应商、管理体系、会员客户、店面网点、地方关系等，并将这些资源打造成企业发展平台。

B. 先把公司内部现有的百货、超市、通讯等业务置于平台上发展，然后再整合本市的餐饮、美容美发、航空票务、家政、酒店、快递、第三方物流、婴幼儿用品、沐足、小额贷款等服务行业，通过统一的会员卡纳入平台 IT 系统内共享资源。

C. 在平台的基础上，便利店整合 O2O 的快递、代收水电费用和电话费等业务；超市整合进来生鲜、特营专柜；百货整合进来自制、自营、自购、代理销售等业务。

（4）把平台做成阿米巴

A. 按产业维度划分一级阿米巴，如百货、超市、物流、通讯、地产、加工等，一级阿米巴又根据需要划分成二级阿米巴和三级阿米巴，共成立 713 个巴。

B. 每个阿米巴独立核算，除了承担本巴直接发生的物业、人工、购进成本等，还分别按营业额、毛利、人数等维度分摊集团总部的各种费用，实现经营压力层层传递。

C. 巴与巴之间由以前的交付关系转变为交易关系。如物流中心给超市门店配送，以前只是为送而送，现在改为按公里数计价；拓展中心以前只负责找物业，现在改为包括装修在内，直到开店，然后让超市巴支付费用。

（5）把阿米巴做成合伙制

A. 除百货、超市、物流配送等主营业务外，其他业务均独立注册公司，总经理竞聘上岗，而且整个高管团队必须共同投入部分资金成为股东。

B. 以前只为超市输送产品的包子、红枣、烘焙、熟食等部门独立成巴，可以对外营业，负责人与核心团队可以分配本巴的利润。

C. 部分便利店通过员工内部创业机制，实行公司与店长合伙制，店长成为本店的大股东；大型超市、百货则按品类分巴，巴长对利润负责，按股份比例分享利润分红。

2. 项目效果

超市事业部（一级巴）把以前富余、闲置的物业全部想办法租赁出去，收租 800 多万元/年。

共有 31 家门店、137 名员工转为合伙人，不发工资，节省人工 795 万元/年。其中，包括公司让出股份红利 313 万元/年，实际节省 482 万元/年。

整个外部生活服务业务预计收入 500 万元/年，利润约 450 万元/年。

集团营业额增长 75%、利润增长 92.36%，在电商冲击下逆势而上，堪称经典。

项目效果如图 10－1 所示。

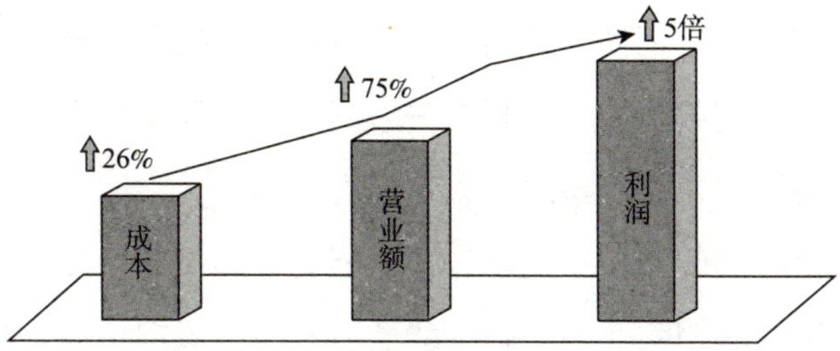

图 10－1　项目效果

二、× ×服务连锁：把店长变为店老板的机制

柏明顿的客户中，有一家 × ×服务连锁，通过实施阿米巴 + 合伙制，× ×服务连锁成功把店长变为店老板，所有门店成为独立的经营主

体，每一家门店与公司都形成市场交易的关系，而不是行政管理的关系，让店长成为老板，解决员工动力源的问题。

把店长转变店老板的合伙机制，需要解决两个问题。

1. 实现店长与企业利益共享

××服务连锁通过合伙制，实现店长与企业利益共享。整个门店是一个整体，公司制度设计出店员收入的计算公式，门店讲究公平，但公平不是平均，每一个员工的收益根据贡献有上下的浮动，多劳多得。团队利益的共享可解决团队作战的问题，保证一个门店作为一个整体去创造利益。

关于员工持股，有一个虚拟的股权，将奖金变为股权，让店长持有，变成股份，比如每年增长率前 10 名的门店享受当年的利润和分红。店长所在的门店享受了基本薪酬、绩效薪酬、基本奖金，以及奖金之外，还有股份。

2. 店长该享有的权利

店长可享有自由调配权，是否保留该产品由店长决定。商品部门跟不上门店的需求，达不到店长的要求，也允许商品部破产。这样采购部门才会关心门店究竟要什么，开始关心商品采购配送程序，以顾客为导向，以市场为导向，而不是以厂家商品为导向。

店长享有商品调配权，也意味着承担更多的义务。按照店长的要求配货，店长和他的团队要为之后可能造成的滞销承担责任，整个门店要背负亏损的费用，所带来的全部损失由门店负责。

在奖金的分配方面，店长享有给店员分配的权力，公司会制定一个标准，但店长可以根据员工贡献量的大小、加班程度、受顾客欢迎程度等在一定范围内调整员工的工资，将薪酬的分配权交给店长，员工自然更加服从。

××服务连锁给予店长连任的权力，只要不触犯企业行为规则，不被末位淘汰，就可以在这家门店一直做下去，该门店完全可作为店长自己的门店，这可以彻底解决店长安全感的问题，由打工者变成老板。

当门店与企业变成市场交易的关系，店长与企业变成互惠互利的关系，店长所能拿到的薪酬待遇有可能超越事业部经理，高层领导不能更好地服务店长和门店就会被淘汰，这样的企业才能做大，员工才能有更大的发展平台。

3. 把店长转变为店老板的合伙机制的策略

第一，核算门店盈亏平衡点。核算盈亏平衡点的目的是为了把一部分接近盈亏平衡点或超过盈亏平衡点的门店拿出来做第一批合伙人机制。××服务连锁拿一些店出来，让所有店长来选，想突破自己的，想借此机会赚更多钱的店长就会站出来承包门店，成为公司的第一批合伙人。

第二，设定合伙制的出资比例、风险承担比例、成果分享比例。

第三，设定承包门店的成本标准。

第四，鼓励有志向的年轻人成为合伙人。年轻员工没有足够的资金来开连锁店，现在××服务连锁开好了，只需要他们用心地当成自己的事情经营便可，风险较小，收益较大，有志向的年轻人肯定会加入成为合伙人。

第五，亏损共担、收益共享。月底财务部出一份详细的门店盈亏明细表。亏损了，店长与××服务连锁共同补亏；收益了，店长和××服务连锁共同获得收益。

××服务连锁的合伙制，可以激发店长的潜能，也会让店长快速学会做生意。接下来再将直营门店转成全资加盟店，让这些与你合伙的店长变成你的加盟商，快速回笼公司前期的投资。再拿这部分钱开店，店长转变为店老板、合伙人，等门店达到一定数量时，××服务连锁即可转型为一个平台型企业。

第二节　制造行业

一、××制药企业：某款药业绩从300万元飞跃到2亿元

柏明顿管理咨询的客户中，有一家在中药行业响当当的“中国品牌”——××药业集团有限公司（以下简称××药业）。××药业业绩延续稳健增长态势，根据其年报，某款药从300万元飞跃到2亿元，年度溢利再度取得正面盈利。如此佳绩，这样的持续盈利能力，引人瞩目。

××药业为何能爆发出如此巨大的能量？其业绩增长动力在哪里？答案就是导入了合伙制。

1. 机制驱动

公司的发展需要由小到大，由大归小的组织发展回归，将大公司进行阿米巴单元划分，重新赋予大公司创业时的活力。

××药业所进行的分权改革可谓是成功组织变革的典范。××药业不仅提出了股东大会、董事会、经营团队“三权分立”的经营模式，更是对三层业务链、人员职责、集团总部与下属业务单元的职责均有了明确的规定，均落实到具体责任人，使得组织框架调整得以成功实施，组织更具弹性，能够灵活地应对市场需求。

2. 树立共同愿景

××药业的共同愿景，来源于全体成员发自内心想要争取、追求

的，它使不同个性的人聚在一起，朝着共同的目标付出“不亚于任何人的努力”。能够使全体成员紧紧地连在一起，淡化人与人之间的个人利益冲突，激发强大的驱动力和凝聚力，驱动组织的全体成员产生追求目标愿景的巨大勇气，并把这种勇气转化为自己发自内心的行为动力。这也是××药业持续盈利的重要因素。

3. 销售和利润目标达标后利润共享

××药业激励机制中的一项重要内容，就是目标利润之上的超额利润分享。利润共享与员工的业绩密切相关，奖金的发放应根据阿米巴哲学中的利他精神，先满足巴员的奖励，然后再考虑巴长及业务单元中的管理人员。

××药业的激励方式是多元化的，除了利润共享外，还有点位承包、地办排名、地区排名、省办排名和省区排名等激励方式。如图 10－2 所示。

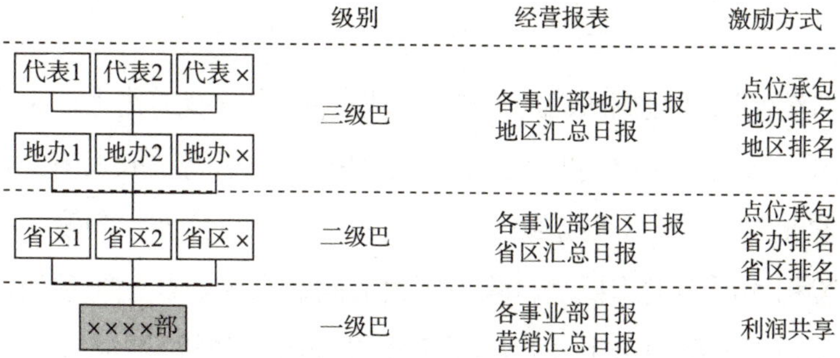

图 10－2　营销系统阿米巴级别、报表、激励

××药业合理根据每位员工或者不同的业务单元的需要，对其实施不同的激励，或将多个激励方式联合运用。在建立了激励机制之后，完善绩效考核机制与之相配套，使二者相得益彰。最终形成员工收益最大化，企业不断提升竞争力。

4. 建立合伙制制度，形成“价值共同体”

××药业通过不断整合，目前创造出了大健康生态圈，这个生态圈是一个服务组合，提供一揽子的解决方案给消费者。同时，通过“合伙人制度”等创新机制，与具有企业家精神的海内外优秀的医药人才合作，形成“价值共同体”，从而形成开放多赢的创新机制，这成为业内的一个特色。

在××药业，对精英们的最高认可就是能成为企业合伙人。××药业合伙人虽然有激励，但更是一种对××药业文化、使命和战略的高度认同。

目前，××药业下属各个板块也在积极建立多层次的合伙人制度。××药业的合伙人不是终身制，每年都会有新增和退出。以合伙人机制调动创新团队的积极性，推动大家一起成长。资本与医药人才的专业能力对接，是未来诞生创新成果的关键。仅仅只有创新的主意，没有资本驱动，也不能实现创新。

二、××精密零件：把一个车间做成上市公司

在传统制造领域淘汰落后产能、转型升级的发展道路上，××精密零件通过阿米巴＋合伙制的改造，成功地把一个车间做成上市公司。这些骄人的业绩背后，主要是缘于××精密零件推行合伙人制度，尝试了员工持股和项目跟投等机制，吸引了大批高端人才。在柏明顿项目团队的辅助下，该公司出台了《核心员工跟投创新业务管理办法》，我们按照以下几大要素来为大家解析这一激励制度。

1. 员工跟投范围

创新业务将会以公司的形式运行，员工可通过跟投间接持有创新业务子公司的股权或股权增值权。

这里首先要界定创新业务的范围，创新业务是指投资周期较长、业务发展前景不明朗，具有较高风险和不确定性的业务。××精密零件旗下现有的较为成熟的、拥有较高市场份额和竞争优势的业务，不纳入跟

投范围。

2. 人员选择：多类人员

可以参与跟投的核心员工原则上必须是公司的高管，或者对公司整体业绩和持续发展有直接影响的管理人员、核心技术人员和骨干员工，且必须是全职员工。

参与跟投的员工分为两大类：一类是出资跟投的核心员工，通过认购跟投平台（有限合伙企业或有限责任公司）的份额或股权，来间接持有创新业务公司的股权；另一类核心员工无须出资，可获得跟投平台的股权增值权。出资跟投的员工是级别更高、更关键的人才，而股权增值权主要是让跟投方案可以覆盖到更多的员工，均衡公司的价值分配体系。持有股权增值权的员工在满足一定条件后，可以转化为持有股权。

3. 激励份额：动态增资

在激励总量上，对于每一个创新业务子公司，××精密零件均持有60%的股权，保证控股地位，员工跟投平台可以持有40%的股权。

这种方式的亮点是跟投平台每年都会增资，增资的部分会重新分配给所有的核心员工，所以跟投平台的员工的持股比例每年都会有调整，表现优秀者在股权份额上可以后来居上，懈怠者即使初始份额高，后续无法获得增资的股权，总体持股比例也会被稀释。

4. 约束条件：服务年限

××精密零件对参与跟投的员工的约束主要体现在任职时间上，参与跟投的员工，无论是持有股权还是增值权，都需要为公司再服务不少于5年（从参与跟投之日起算）。

5. 激励收益：增值为主

对于创新业务，激励收益中具有较大吸引力的是增值而非分红。如果创新业务子公司发展壮大，可以符合独立上市的条件，××精密零件会优先考虑支持其上市，那样核心员工持有的原始股收益会非常可观。

××精密零件也会视创新业务的具体发展情况，考虑进行整体回购，回购的价格为公允价格。公允价格优先参考 12 个月内外部投资者投资创新业务子公司时的估值确定，如果没有外部价格，会聘请独立的第三方进行评估。

6. 退出机制：离职退出

除非经跟投方案管理委员会特殊认定，否则一旦员工从公司离职，其所持有的跟投平台的股权或股权增值权都必须转让给平台指定的主体。

在退出时，如果员工持有的是跟投平台的股权，且退出时满足 5 年任职约束条件，退出价格按照公允价值计算；若不满足 5 年任职约束条件，退出价格为每股出资额或最近一期经审计的创新业务子公司的每股净资产两者中的较低者。若员工持有的是跟投平台的股权增值权，且退出时满足 5 年任职约束条件，则按照退出时的创新业务公司的公允价值计算增值收益；若不满足 5 年任职约束条件，视为员工自动放弃增值权，公司不做任何补偿。

7. 实施情况

当前，××精密零件共设立 5 家创新业务子公司，均严格按照××精密零件持股 60%、跟投平台持股 40% 的股权比例分配。跟投平台均为有限合伙企业。而跟投的核心员工则通过认购资产管理计划份额持有跟投平台的股权。其中，成立较早的两家创新业务公司已经完成过增资，实现了激励份额的动态调整。

三、××电子公司：把内部车间成功推向市场

柏明顿的客户中有一家××电子公司，该公司是从事生产、销售各类半导体芯片、二极管等系列产品，以及电子元件电镀加工的大型企

业。在柏明顿顾问团队的辅助下，推行了合伙制，把内部车间成功推向市场。

合伙制的成功实施，也得到了客户企业的认同。其中的核心是打造一支能够支撑公司战略落地、传承企业文化、基于未来能力提升的核心团队。

1. 让合伙人独当一面

××电子公司的组织架构是扁平化的，他们相信优秀的人本身就有很强的驱动力和自我管理能力。

××电子公司的组织架构层级很少，几千人的团队只有三级：七个核心创始人、部门 leader、员工。而且不会让团队太大，保持在十几人的规模，稍微大一点就拆分成小团队。

该公司的老板将权力下放给 5 位合伙人，类似于“地方自治”，合伙人拥有较大的自主权，且不互相干预。这 5 个合伙人都是工程师，晋升的奖励就是涨薪。不需要你考虑太多的杂事和杂念，没有团队利益之争，一心扑在工作上。这样的组织架构，减少了层级之间互相汇报的时间浪费。

2. 利益共享：让员工想象到未来的高额收益回报

××电子公司让员工持有股票或期权。较大力度的员工持股使得员工、股东身份一体化，改变了个别人是创业者、绝大多数人是打工仔的传统模式，促使人人都是经营者。

当然，我们在实施合伙人经营模式项目时，一定要重视实股的出资要求，员工只有掏出实实在在的真金白银投入公司，方能表示对公司发展的信心，才能真正地做到从心底与公司共同进退、共同承担风险，将来公司发展壮大了才能实现双赢——合伙把公司的蛋糕做大！

3. 股权激励，员工有多种选择

××电子公司预留了 15% 的员工激励股权池，后来由于公司业务与人员快速扩张又加大了期权池。对于后期加入的员工，公司会给出三个选择。

第一，正常市场行情的现金工资。

第二，2/3 的工资，然后拿一部分股票。

第三，1/3 的工资，然后拿更多的股票。

结果，有 10% 的人选择了第一种和第三种工资形式，80% 的人选择了第二种工资形式。

这种组合选择方式，一是理解每个员工对公司不确定的未来看好或不看好，也理解每个人面临的不同生活成本与生活压力；二是给予员工自愿选择权，不强制配股；三是愿赌服输，赚了皆大欢喜，赔了无怨无悔。每个人都为自己的自愿选择负责。

4. 设计合伙人股权的进入机制

××电子公司股权发放都有完整的专业方案，这样任何股东进入时，股权发放都有方向、有节奏与有规则。

股东一开始进入就有清晰明确的规则，包括限制性股权/期权如何成熟、退出如何处理，并通过法律文件落实到位，而不是空头承诺。“有恒产才有恒心”。这样可以解除团队的后顾之忧，全力以赴投入创业。

5. 设计合伙人股权的退出机制，遵守契约规则

如何处理退出合伙人的权益？实践中有不同的做法，有的约定回购，有的约定附条件保留，有的约定综合考虑离职原因与历史贡献，公司保留回购的主动权。事先互相认可并达成共识的一纸协议，胜过事后的道理，大家好聚好散。

××电子公司找到了最合适的伙伴，采取合伙制充分授权，各管一部分业务，实现了高效运转，就像乐高玩具一样，用这样的优秀合伙人组建出一个个美妙的“世界”。

第三节　房产行业

××地产是一家专注于房地产开发的大型集团型企业。该企业成为柏明顿的合伙制咨询项目后，业绩从全国 200 多名 3 年内飙升到前 20 名。这里将从合伙制的角度出发，分析××地产通过多层级激励体系实现跨越式发展的原因。

××地产在充分授权区域和高度透明的经营会计体系基础上，形成了独特的激励机制，提出了多层级激励体系。

一、××地产实行合伙人制的背景和初衷

××地产是国内比较早采取合伙人制的公司之一，合伙人制也帮助××地产逆势迅速成为千亿企业。

××地产当初采取合伙人制的主要背景：粗放管理和高利润的房地产行业进入了精细化管理阶段。

××地产采取合伙人制的初衷：提高组织效能，提升业绩；吸引、激励和保留关键人才团队。

××地产关注为员工成就价值，通过实施合伙人机制，全面激活各级组织活力、人才动力，以此打造为命运而战的经营人才，实现共创事业，共享成就，实现充裕的物质基础还有个人的发展平台，最后形成全公司发展的合力。

××地产创建开放、开拓、开创、共享的企业价值观体系，构建平

台体系，使优秀员工获得充分施展才华与成长的机会，与企业互享成就。

二、项目合伙计划

××地产推出项目跟投制度，跟投制度将项目经营成果与员工的个人利益直接挂钩。××地产区域部门负责人以上的员工必须跟投，通过这种跟投机制捆绑管理层的利益，起到一定的激励作用。具体项目跟投制度：控股集团占8%，区域集团占8%，区域公司占8%，合计24%，远高于行业水平。

××地产内部将跟投的员工叫战略股东，优先分享利润。员工跟投的自有资金收益多数项目达到200%以上。强制管理层跟投，是让××地产的管理层真正履行职能职责的一个重要手段，也是××地产市场化、商业化、企业化下的一种市场行为。普通员工自愿跟投，但也只有公司一定级别以上，如绩效非常好的员工才有资格跟投。

有一个典型的例子，××地产某区域A项目已开盘，其中“区域投资公司”共15位个人股东，持有该项目10%的股份，共投入本金700万元。

目前A项目公司银行账户余额为1.2亿元。考虑到项目后续需支付工程材料款、税款及工资等约0.2亿元，且半年内不会再资金转负。故商定将富余的1亿元资金以借款形式给各股东。其中，分配给区域投资公司1000万元。

区域总裁王五等10位个人股东占区域投资公司的股权比例为80%，张三等5位个人股东占区域投资公司的股权比例为20%。上半年集团贷款的平均利率约为7.8%，理财资金收益率为5%~8%。

跟投机制实施的效果：从实际效果来看，项目运营质量显著提升，优秀员工获利丰厚。

××地产 2019 年上半年年报披露，已申报同心共享项目 733 个，累计合同销售额达人民币 4727 亿元。自 2015 年同心共享机制实施以来，2015 年有两位区域总经理年收入超 1 亿元，到 2016 年，有 6 人获上亿元年终分红，企业自有资金年化收益率近 70%，极大地鼓舞了员工的斗志。

三、成就共享

××地产的成就共享主要针对管理团队，当项目的现金流和利润指标达到集团的要求，就可获得高额的奖金包；通过成就共享跟投制度，由集团、区域分别成立投资平台，跟投人员通过投资平台参与跟投，合伙人制对××地产的周转率、利润率等指标起到了明显的提升作用，项目开盘时间由之前的 6.7 个月缩短到 4.3 个月，净利润率由 10% 提升到 12%，年化自有资金收益率由 30% 提高到 56%，现金流回正的周期由 10～12 个月缩短到 8.2 个月。

为执行《××地产成就共享实施办法》，柏明顿顾问团队制定了操作细则。

第一，成就共享制度是集团为增强员工的主人翁意识、让员工分享集团发展壮大的成果而设置的，实施中与成就共享制度并存，在集团推行“双享”。

第二，总部和区域在投资企业设立的操作中，应确保在集团及子公司任董事的员工合计认缴的份额不超过员工总份额的 29%（含本数）。董事的认缴比例由财务资金中心统筹，董事在区域的每次出资均应先报财务资金中心核定比例。

第三，成就共享制度实施后，员工参与投资持股的“项目公司”仍由集团管理，公司董事和法定代表人由集团委派。

第四，成就共享制度管理委员会设立。××地产成立成就共享制度管理委员会，并且对员工组成的合伙投资企业、集团及员工持股的项目公司，在投资决策、投资管理、经营管理、风险控制、利润分配、投资进退、纠纷解决等成就共享制度涉及的所有问题拥有最终裁决权。

××地产引入成就共享机制的好处：一方面有利于项目更积极地控制运营成本，提升集团的利润率和投资回报率；另一方面让员工与××地产一起按持股比例共同投资、共同管理、共享利益、共担风险，让员工与公司共同成长发展。

总结：××地产成功地演绎了“黑马传奇”，销售额不断创造新的高点。××地产的不断突破，不仅得益于其对市场、政策的精准把握，其内部积极进取的阿米巴＋合伙制也功不可没。

第四节　工程行业

× × 工程公司在内部合伙人机制的基础上，顺势推出了外部合伙人机制，以期进一步扩展事业版图，加强项目获取能力，也成为业内冲得最快的一匹黑马。近两年，其业绩规模成倍增长，利用外部合伙机制使销量实现 15 倍增长。

一、推行外部合伙人

合伙人机制在工程行业相当流行，而 × × 工程公司的“成就共享”可谓是开山之作。2014 年 10 月，× × 工程公司在合伙人机制的基础上提出“同心共享”机制，要求所有新获取的项目均采取跟投机制，集团及项目管理层需跟投不超过 15% 的项目股权。

在内部合伙人机制尝到甜头之后，× × 工程公司顺势推出了外部合伙人机制。× × 工程公司延伸跟投机制，吸收外部合伙人，进一步扩展事业版图，加强项目获取能力。外部合伙人与 × × 工程公司共同成立平台公司，× × 工程公司享有平台公司 80% 的股东权益，外部合伙人享有 20% 的股东权益；× × 工程公司拥有对平台公司管理的最终决策权；外部合伙人的项目拓展不受 × × 工程公司现有区域及城市公司划分的限制。

二、年回报率超六成

××工程公司已申报“同心共享”项目数为 45 个，通过吸收外部合伙人，延伸跟投机制，平均年化自有资金回报率高达 61%，销量实现 15 倍增长。

合伙人机制使××工程公司项目开发具有利益共享、风险共担的特点，有利于提高成本、营销、人力方面的管理效能，并保证项目拓展的科学合理性。在成本管控方面，引入合伙人机制后，项目管理人员更加关注项目支出成本情况，以保障投资收益，而总部更专注流程及战略，从顶层优化费用及支出结构。

第五节　快消业态

一、××电子商务公司：从单一产品裂变为行业独角兽

××电子商务公司经过10年的发展，一直在细分行业的电商中位于前茅。聘请柏明顿顾问团队导入合伙制之后，从单一产品裂变为行业独角兽。

合伙人制不仅可以用于解决每个企业所面临的内部人才招、用、育、留问题，还可以用来重塑企业与其经销商或供应商的合作关系。这里所介绍的××电子商务公司在销售渠道方向推行合伙人制并大获成功的经验，堪称供应链合伙的典范。

1. 渠道合伙人机制

××电子商务公司是以“区域股份制销售公司”的模式开启其销售渠道合伙人制模式的。

××电子商务公司的第一家区域股份制销售公司，于2010年诞生。此后两年内，相同模式下的股份制销售公司在全国范围内又成立了10家。所有区域销售公司都由××电子商务公司控股，区域内的多家一级经销商参股。销售公司的财务总监由××电子商务公司派驻，总经理、副总经理等核心管理层成员一律由××电子商务公司任命。

××电子商务公司持有每一家区域销售公司51%以上的股份，但××电子商务公司不参与销售公司的利润分红，即：销售公司的经营利

润，概由销售公司的其他股东按照持股比例和业绩贡献进行分红。11家销售公司按照一定的规则，共同持有××电子商务公司总股份的10%左右，销售公司持有的这部分股份，全部由一家担保投资有限公司代持。

××电子商务公司之所以能够获得巨大的成功，其选择的销售渠道合伙人制模式（区域销售公司模式）立下汗马功劳。因为这一模式使原本属于外部独立商业组织的经销商群体，一夜之间成了专营产品的生力军，他们熟悉各自所在的区域市场，并善于利用一切资源建立和维护产品在竞争中的优势地位。

2. 合伙人机制导入的原则和要求

××电子商务公司推行销售渠道合伙人制的经验，绝对不是单纯地“让经销商赚钱”这么简单的事情。读者在思考借鉴××电子商务公司发展销售渠道合伙人制度的经验时，应当注意以下五个方面。

第一，选择什么样的供应链管理模式是一个前提性问题。因为供应链合伙应建立在特定的供应链模式选择的基础上，应服务于企业的盈利模式。如果你的供应链模式选择是错误的，那么供应链合伙人制模式也是错误的。选择错了，可以纠正，但要做好付出巨大成本代价的心理准备。

第二，选择供应链合伙人是一个关键点。××电子商务公司在发展区域销售公司模式时，选择的是一级区域批发商，而不是选择所有的区域分销商。

第三，在设计供应链合伙人制模式时，要充分考虑供应链合作伙伴的利益关切。××电子商务公司销售公司模式之所以获得了成功，很大程度上是因为××电子商务公司在设计其销售公司模式时，充分地考虑到了经销商的利益关切——既确保了渠道合伙人的经销利润及返利等，也考虑到了渠道合伙人的长期利益追求。

第四，如何动态地管理供应链合伙人，是合伙事业成败的关键点。

××电子商务公司在区域销售公司模式建立以后，也曾出现过许多问题，比如渠道合伙人克扣下级经销商的利润，渠道合伙人赚钱以后“不听话”，渠道合伙人出现发展资金不足的情况，等等。因为××电子商务公司总是能够在动态中解决遇到的问题，才使得其销售公司模式得以延续与发展。

第五，打造供应链合伙人文化，并基于合伙人文化规则不断训练供应链合伙人，将决定供应链合伙人制是否长期有效。在这方面，××电子商务公司有许多经验和教训。比如××电子商务公司在发展销售公司模式的过程中，曾经有过多次“清理门户”的行为，正是基于××电子商务公司的文化标准，才形成了渠道合伙人合作意识与行为的规范。

二、××食品公司：把业务员虚拟成合伙制代理商

××食品公司是一家集食品生产、销售为一体的全国知名企业，年产值近 20 亿元，是国内最大的保鲜类工业面包产销企业。

××食品公司与柏明顿合作，导入合伙制，把业务员虚拟成合伙制代理商，向企业员工实行股权激励，激发了公司的活力，公司经营效益稳步上升，多次收购全国各地的分公司，一步步夯实公司的上市计划，并且于 2015 年成功上市。

1. 持股模式

××食品公司的合伙制，主要是把业务员虚拟成合伙制代理商。××食品公司的销售模式为业内较为独特的代理制。采用这一模式，大大地增强了对代理商的激励力度，加上近两年实施的渠道变革与合伙人制度，使渠道结构更为扁平，加大了对三四级市场的拓展力度，激励面更广，使公司获得了超越竞争对手的发展速度。

从××食品公司的发展可以看出，在消费领域，经销商与厂商往往是同呼吸共命运。在激励、绑定经销商的道路上，××食品公司可以说

从未停止脚步。在××食品公司上市前两年，××食品公司就已经实施了合伙人制度，将其生态链上重要的代理商“捆绑”在一起。

××食品公司还推出了经销商持股计划，允许部分经销商以一定价格购买公司的股票。生态链上经销商与厂商通过有效的合伙人模式实现了利益捆绑，各经销商通过自身的努力，为公司创造效益，并最终实现双赢。××食品公司正是通过建立有效的、长期的经销商激励制度，使企业实现了高速发展并一举成为中国食品行业的领头羊。

经销商持股计划成为众多快消业态上市公司的选择，其思路与××食品公司的经销商持股计划相似，目的是经销商通过持有上市公司的股权，做大公司的业绩，分享业绩成长带来的市值增长。

2. 现金激励模式

现金激励模式也是××食品公司采用的一种合伙模式。这是一种充分考虑公司与经销商双赢的有效机制，现金激励模式较持股模式的适用范围更广，对于绝大多数经销商来说效果更好，有着不可替代的激励作用。

经销商是独立的经营机构，拥有商品的所有权，与厂家并无直接的劳务合同关系。现金激励机制对于经销商更具有直观的诱惑力，能最有效地起到激励作用。在这种激励制度下，经销商会更加努力地工作来获取额外收益，只有当他们销售的产品数量和产品价值提高，才能获得除原本固有利润空间之外的附加现金奖励。

现金激励体现在××食品公司品牌代理推广计划：××食品公司通过提货和销售两个方面给予合作良好的经销商一定的奖励。一是随着经销商一次性提货数量的增加，××食品公司给予提货价格优惠；二是当销售业绩达到一定数量，给予阶梯式的销售返利的优惠。不仅如此，××食品公司还加大力度提高了经销人员的收益空间，通过现金激励的方式直接鼓励每位优质的经销商。

××食品公司销售数量大增，其成功的关键在于××食品公司对其经销商采用的现金激励模式，经销商的利润来源主要分为两个部分：进价与售价的差值和销售返利的增值部分。××食品公司通过对销量进行返利，并设定额外的奖励，直接给经销商。同时，××食品公司通过与经销商良好的沟通及引导来保证其与公司具有统一的文化价值观。经销商与公司之间互利互惠的良性循环提高了经销商的销售热情，同时也是对所有消费者负责任的体现。××食品公司的经销商现金激励机制使其在中国市场获得了巨大的成功。

厂商、经销商等生态链上的利益相关者通过持股模式、现金激励模式有效地捆绑在一起，形成了利益共同体，提高了经销商的品牌忠诚度，厂商在发展自身的同时，也带动了经销商的发展，共同做大“利益蛋糕”。因此，企业要做好内部员工的股权激励，通过激励把经销商绑定在一起，从单个公司的竞争转化为整个产业链参与竞争，提高了公司的格局和高度，行业竞争力才会持续提高。

第六节　服务行业

柏明顿的阿米巴咨询客户中，有一家国内最大的留学中介机构。该公司全国有46家全资直营分公司，全球有1600余所合作院校，每年向国外输送60000余名留学生。

该公司推行合伙制之后，员工的执行力增强了，公司与客户的关系更为紧密。员工成为合伙人以后，更加注重整体利益和长期利益，有效控制只追求局部利益和短期利益的倾向。

一、推行合伙制，有效控制只追求短期利益的行为

该公司在推行合伙制之前，其下属的直营分公司大多是在早年“跑马圈地”过程中合资合作建成的，内部治理结构和管理控制相当薄弱。各个地方的分公司各自为战，为了自身的利益，私自挪用客户资金，虚假承诺的现象难以控制。

重物质激励，轻精神激励；重短期激励，轻长期激励。不少从业人员关注短期收益，不重视个人技能的发展，在各个留学中介公司之间频繁流动，这种现象与留学中介公司在激励机制方面缺乏有效的长期激励手段有直接关系。在长期激励机制中，留学中介公司除了缺乏对员工的职业生涯规划以及目标管理外，最缺乏的就是紧密联系公司的长远利益和员工的长期利益的激励手段，也就是缺少员工持股计划及期权奖励计划。

没有形成制度化的高管人员激励保障机制，没有形成与高管人员对股东贡献相联系的制度化报酬。留学中介公司对高管人员的奖励只存在于其在岗时，没有因为离职的高管人员在岗时的业绩表现，以及有利于公司长期发展的各种行为而给予离职后的奖励。这种状况容易造成高管人员在岗时做出不利于股东或员工的短期行为。

为了杜绝只追求短期利益的行为，该公司导入了合伙制。出于业务竞争压力而形成的无限责任的合伙人制度，在以诚信立业的中介服务行业中比其他组织形式更具有竞争力。对于公司而言，合伙人制是从业人员素质与技能的自然沉淀和累积，是一种行业自律与经验不可或缺的前提和基础，没有经过这个阶段锤炼的服务机构是虚浮和浮躁的。

该公司成功导入合伙制之后，取得三个好的效果：其一，规范了职业规则；其二，提升了从业质量；其三，提高了职业道德。对于留学中介机构而言，合伙人制度的实质是：各个分公司以无限责任的形式承担了业务失误或作假带来的风险，相当于以自己的损失来担保业务的质量和真实性。一旦违规，将承担巨额的赔偿，不但有责任的合伙人要承担金钱和名誉上的无限责任，其所在的分公司也要背上沉重的债务。

二、将长期利益与个人利益联系起来，达到激励与约束的目的

建立何种激励机制，使各层次代理人有尽责尽力的激励与行为约束，也就构成了建立合伙人制度的一个重要问题。首先，员工被激励程度低的原因是他们认为自己的努力不会得到回报。其次，员工是否相信高绩效能带来高水平的奖励。组织的报酬不是仅仅以绩效为依据，如果奖励的标准是按资历或者是与上级的亲密关系，员工就可能认为绩效与奖励之间没太大关系。

该公司导入合伙制之后，普通合伙人享有管理费、利润分配等经济利益。在利润分配中，普通合伙人以 1% 的资本最多可获得 20% 的投资

收益分配。除了经济利益提供的物质激励外，公司对普通合伙人还有很强的精神激励，即权力与地位激励。普通合伙人作为经营层，全权负责公司的运营和管理，可以充分运用其知识，享有风险业务的控制权，并从享受获得的权力与地位中使个人效用最大化。除了“薪酬 + 奖金”的短期激励，还设计一些中长期的激励方案，使员工的利益尽可能与公司的长远利益结合，避免员工的短视行为。通过投资收益分配、精神激励、中长期激励等方式将公司待定长期利益与个人的利益联系起来，从而达到激励与约束的目的。

普通合伙人作为分公司的出资方，也需要拿出一部分资金作为公司的注册资本。由于普通合伙人是靠专业经验和个人才能来获得收益的，且对企业负有无限责任，必将为公司的盈利与长远发展尽职尽责，否则不仅在经济上蒙受损失，作为职业经理人的声誉也将大打折扣。考核指标除财务指标外，还应包括态度考核、能力考核，以及有利于公司长远发展的客户满意度、内部流程改进、员工的学习与成长等考核指标，引导员工从单兵作战向团队作战转变，确立系统化、专业化、规范化的新型服务模式，积极提高自身的专业素质，共同为客户提供高质量、一体化的留学中介服务，提高服务的专业标准。

第十一章

扩展阅读：合伙制的四段历史启示

本章阐述了社会组织结构的历史理论，并揭示了历史和不同的历史进程如何影响后续的组织行为和战略。即：社会经济发展是持续不断的，社会组织形式的变化是渐进性的。为了更清楚地阐明历史影响的合伙机制，运用这些不同的历史导向的组织理论来理解合伙制的管理议题，本章整合历史进程和组织理论，并从历史的视角为中国式合伙制提供一些实践启示。

第一节　从北周宇文泰改革军制所想到的

宇文泰是南北朝时期西魏杰出的军事家、改革家，西魏的实际掌权者，亦是北周政权的奠基者，史称周文帝。

宇文泰掌权期间，西魏由于实力不强，总是遭到东魏的打击，缺兵少人的西魏有被东魏灭掉的巨大风险。宇文泰必须想到一个好办法，在地盘小、人口少的情况下生存下去。

为了防止西魏被敌国所灭，宇文泰便建立了府兵制，以扩大兵源。形式上采取鲜卑旧八部制，立八柱国。那么，宇文泰改革军制，有什么精妙之处呢？

一、扩充兵源

东魏连年入侵，宇文泰知道长此下去，实力处于劣势的西魏必然难以支持，当务之急，是要提高士气，增强战斗力，开拓兵源，扩充军队。

宇文泰下令大量征召汉族百姓入伍，宣布征募关陇地区的汉族豪强地主武装，宇文泰通过广募豪强以充军旅这一措施，把这些分散的乡兵武装变成中央军队的一部分，由政府选择关陇地区有名望的人物来统领，从而加强了中央对军队的控制。

二、创建府兵制

宇文泰招募众多的汉人豪强，为了安定地方和加强自己的军事力量，宇文泰把汉人豪强提拔到高级将领的位置上。西魏的汉人和鲜卑人在宇文泰的统筹兼顾下，逐渐改变了原来汉人种地、鲜卑人打仗的一贯做法，开始共同参军保家卫国，胡汉交融的府兵制便由此而生。

宇文泰创建府兵制的具体措施是确立名为八军、实为六军的总体军制，以暗合鲜卑的八部制和西周的六军制，借机广收鲜卑人和汉人的人心。

三、组建领导机构

招募到众多汉人豪强集团之后，宇文泰觉得为什么不把现在的国家变成一个部落联合体呢？于是，他进行了组织结构的改革。

西魏六军的编制为：最顶层设八个柱国，除统领军权的宇文泰外，其余六柱国，每柱国下辖两个大将军，共十二个大将军；每个大将军下辖两个开府，共二十四个军；每个开府下有两个仪同，共四十八仪同。

从柱国大将军到仪同，构成了一个完整的指挥体系，金字塔形的军事领导机构便初步形成。如图 11－1 所示。

这个组织既是军事组织，又是政治组织。不再区分一个人属于什么民族，只看他隶属于哪个府。组织的结构非常简单，命令可以很快地从君主传达到最基层的士兵。

四、严格选拔府兵，重奖勇士

为了选到真正能打仗、能保家卫国的士兵，宇文泰的选兵要求很严格。

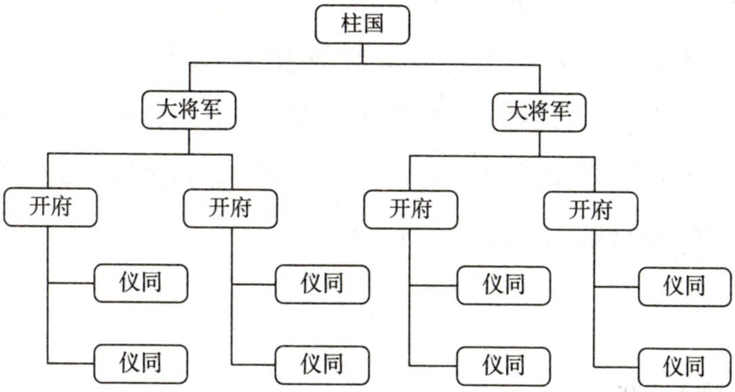

图 11－1　府兵制的领导结构

首先，严格选拔府兵。入选府兵的第一个条件是家产富裕。入选府兵资格者，得有经济实力提供弓刀一具；第二个条件是家庭男性成员的人数得多，只有壮年男丁在三人以上时，该家庭中的男人才有资格被挑选为府兵；第三个条件是士兵得身强体壮。

其次，重奖勇士。招收完府兵后，宇文泰规定，全体府兵，每月的上半个月要操练步伐、巡防之类的基本功；下半个月，则进行大规模军事演习。

府兵待遇很好，这样才能激励士兵奋勇作战。宇文泰宣布军法军规：只要入选府兵，其全家免除苛捐杂税，府兵本人在建功立业后还可按功劳受赏。府兵不得贪财轻敌，不得作威于百姓，与敌作战，用命则赏之，逃脱皆戮之。通过军训整顿，西魏军队的战斗力大为提高。

五、兵农合一

府兵除原有军籍、隶属军府外，还要与其家属一同列入州县的户籍。如此一来，府兵军人及家属与一般百姓一样，也可以按照均田制获得一份田地耕种。

府兵平时在家务农，发展经济，遇到战事时，就紧急集合，放下锄头，拿起武器，为国家而战。

府兵每人自备马弓，其余兵器装备由官方供给。府兵平时轮番服役，半月戍卫，半月训练，战时则出征作战。同时，规定凡是设立军府的州郡，府兵就从均田户中加以征发。原来为地方大族控制的农民，现在直接由朝廷掌握，形成了兵农合一。

胡博士点拨：

◆府兵自带粮食、自备弓马，这是出钱；镇守边关、阵前杀敌，这是出力。又出钱又出力，就是合伙人模式的雏形。

◆入选府兵的第一个条件是家产富裕。所以，当合伙人需要有一定的资本。

◆你出了钱，如果战争中被敌人杀死了，那就人财两空；如果打赢了，又可以分红（战利品），又可以升官。这样的军队战斗力能不高吗？

第二节　汉文明的分水岭：宋朝军政制度

宋朝是中国历史上最接近现代管理的朝代。就传承来说，宋朝是汉文明传承相对完整的最后一个朝代，汉文明的结晶都是在宋朝进入大成期和巅峰期产生的。在宋朝时期，汉文明领先世界，富有人文精神，科技发达，也具有抵抗精神。

一、宋朝的最强军队

宋朝有“轻武重文”的国策，宋朝一直以来被认为是军事实力最弱的王朝之一，北宋与南宋都是亡于外敌的手中。不过在两宋之际，却出现了一支战斗力超强的军队，它就是岳家军。岳家军为什么这么强？主要有几个原因。

第一，岳家军有雄厚的军费支持。在两宋之际，正好是募兵制盛行的时期。军队的后勤保障是由国家提供的，北宋时期军费的开支就高达上亿白银。

南宋时岳飞的岳家军是最强大的，他手下的“背嵬军”则是精锐中的精锐，这支部队代表了岳家军的精华。岳家军全盛时期十多万人，从将军到士兵，待遇都是非常优厚的。“背嵬军”总共有八千多骑兵，无论是战斗实力还是武器装备，都领先于同时期的很多军队。“背嵬军”直接装备了两万多匹战马，每个骑兵的维护就要 100 多两白银。单是维护“背嵬军”，军费再加上犒赏的钱财就是一笔天文数字。

第二，有功将士的犒赏十分丰厚。岳家军是整个南宋倾尽全国的力量支持出来的。朝廷拨给岳家军的钱，基本都可以落到士兵的手上。朝廷在平日要维持岳家军，就需要提供充足的军费，在战争时期，还要专门负责岳家军有功将士的犒赏。岳家军北伐成功，朝廷一次性就犒赏了375000贯，而一次北伐朝廷总共就支出将近百万贯军费。

作为将领，岳飞屡次建战功，也得到了丰厚的赏赐。除了在各地的田产，他每月工资就高达6000贯。他将自己的这些钱财大部分都投入到岳家军的建设中，他把自己的私田交给佃户们来耕种，从中收取钱财充作军费。

除了朝廷下发的军费，岳飞也让手下的心腹经营一些其他的产业，通过自营这些商业活动来给军队挣军费，各项生意每年就能有157万贯入账。在战争中还通过缴获得到了大量的钱财。

岳家军的军费充实，有了良好的后勤保障，对将士有着吸引力的赏赐奖励制度，加上将领士兵的同心同德，岳家军才能如此强大。

二、强悍的宋朝禁军

北宋时期的禁军在冷兵器时代是相当强大的野战步兵，选拔的士兵都是身材高大强壮，训练严格。而且学习其他民族之所长，臂力很强。宋朝把弓弩当成作战的第一武器，禁军的经济待遇和武器装备也是最好的。宋朝禁军为什么这样强？首先，选材方法，按照身高为标准来挑选禁军士兵；其次，是军饷俸禄与身高挂钩的制度。

在这种制度下，大批的高个子年轻人蜂拥投身行伍。军饷俸禄与身高挂钩，当时的宋朝皇帝是这样解释的，当兵就是为了打仗，冷兵器时代打仗就是靠力气，身高体壮的人当然力气大，也就冲锋在前，为什么要和矮个子士兵拿同样的军饷？另外，禁军不打仗的时候，搞阅兵也能威慑敌人，自然也是长得高大凶猛的士兵更有威慑力，为什么要和小个子士兵领取同样的军饷？

所以，宋朝禁军都是标准的高大威猛的士兵，加之有丰厚的赏赐奖励，其战斗力让敌人不寒而栗。

胡博士点拨：

◆岳飞是当时四大军区司令员之一，年薪相当于今天的 600 万元。

◆一名禁军的年薪 + 各种补贴相当于今天的 12 万元。想不想当禁军？想！身高是基本条件。

第三节　跨越时空：西周体制

追述中国古代的文明史，跨越时间和空间。在中国的历朝历代，笔者比较崇尚西周的分封制。西周分封制跨越时空之后，给我们带来哪些启示？

分封制是西周的政治制度。具体操作是：周天子居于至高无上的绝对支配地位，其王位由嫡长子世袭继承。周天子把王族、功臣和先代的贵族分封到各地做诸侯，建立诸侯国。周王先后分封的重要诸侯国有：鲁、齐、燕、卫、宋、晋等。为了维护统治，分封制规定，诸侯必须服从周天子的命令，诸侯有为周天子镇守疆土、随从作战、交纳贡赋和朝觐述职的义务，治理诸侯国，保卫国家。

诸侯在各自封国内又是同姓宗族的大宗，其王位也是由嫡长子世袭继承。诸侯在自己的封疆内，又对卿大夫实行再分封。卿大夫在各自封地里又是同姓宗族的大宗，其封爵仍由其嫡长子世袭继承，其余庶子作为小宗分封为士。卿大夫将土地和人民分赐给士。卿大夫和士也要向上一级承担作战等义务。

根据宗法制和分封制，这样层层分封下去，便形成天子、诸侯、卿大夫、士等各级宗族贵族组成的金字塔式等级制机构。各个等级之间的相互关系，既是大小宗关系，也是上下级关系。

西周分封制是有好处的，齐鲁是以发展盐业为主，山西是以发展农业为主，各个地方根据自身情况因地制宜去发展，而不是一刀切。每个诸侯国的民俗不一样，文化也不一样，实际上是让各个诸侯国根据自己的优势找到最佳的发展道路。如图 11－2 所示。

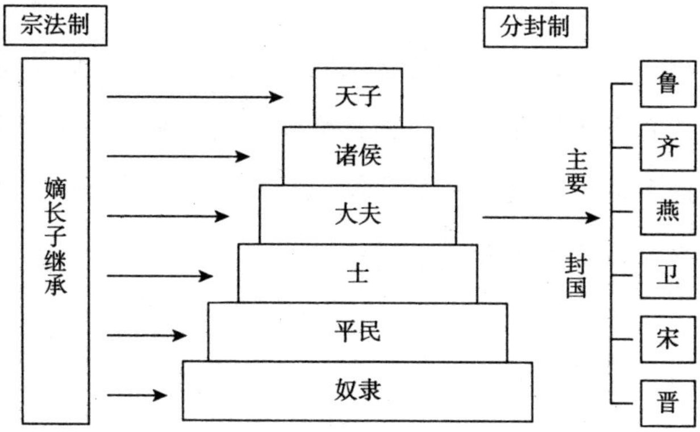

图 11－2　西周分封制

胡博士点拨：

西周的政治体制有点像“阿米巴＋合伙制”模式。

◆简单普及一下阿米巴经营模式，理念共同、各自经营、内部交易、独立核算、多赚多得（不是多劳多得，劳是过程，赚才是结果。多劳未必能够多得）。

◆西周的封国，平时都是自己赚钱自己分、自己花，赚不到就没钱花。

本章总结

通过四段历史案例，更加理解了合伙制的概念。

第一，钱多就多出钱，力多就多出力，我们一起努力做一件事，然后来分，就是这个规则。

第二，公司不可能发工资给合伙人，赚到就分，合伙人如果觉得无法继续下去，可以申请退出。

第三，很多人说，公司一定要有一个人独大，一定要有一个人控股。不一定，将合适的业务或项目交给合伙人去做，作为企业老板，在阿米巴经营的基础上，进一步把责任、权利、利益下移，知道该给合伙人什么样的权益，该保留哪些权益。

附录

合伙制文件范本

合伙企业协议

（范本）

第一章　总则

第一条　依照《中华人民共和国合伙企业法》及其他有关法律、法规，经全体合伙人协商一致，达成本协议。

第二条　全体合伙人应自觉遵守本协议，违约者应依照法律、法规和本协议的约定承担违约责任。

第二章　合伙目的和合伙企业的经营范围

第三条　合伙目的：为了________成立本合伙企业。

第四条　合伙企业经营范围及方式

第三章　合伙企业名称和住址

第五条　合伙企业名称：

第六条　合伙企业住址（主要经营场所的地点）

第四章　合伙人的姓名及住址

第七条　合伙企业合伙人共______人。

姓名

住址

身份证号码

第五章　合伙人出资的方式、数额和交付出资的期限

第八条　合伙人出资的方式、数额如下。

合伙人姓名

出资方式

数额

评估作价（元人民币）

评估方式

第九条　合伙人应在______年____月____日前交付出资。

第十条　合伙企业存续期间，合伙人依照合伙协议的约定或者经全体合伙人决定，可以增加对合伙企业的出资，用于扩大经营规模或者弥补亏损。

第六章　合伙企业的财产

第十一条　合伙企业存续期间，合伙人的出资和所有以合伙企业名义取得的收益均为合伙企业的财产。

合伙企业的财产由全体合伙人依法共同管理和使用。

第十二条　合伙企业进行清算前，合伙人不得请求分割合伙企业的财产，但《中华人民共和国合伙企业法》另有规定的除外。

第十三条　合伙企业存续期间，合伙人向合伙人以外的人转让其在合伙企业中的全部或部分财产份额时，须经其他合伙人一致同意。

合伙人之间转让在合伙企业中的全部或者部分财产时，应当通知其他合伙人。

第十四条　合伙人依法转让其财产份额的，在同等条件下，其他合伙人有优先受让的权利。

第十五条　经全体合伙人同意，合伙人以外的人依法受让合伙企业

财产份额的，经修改合伙协议即成为合伙企业的合伙人，依照修改后的合伙协议享有权利，承担责任。

第十六条 合伙人以其在合伙企业中的财产份额出资的，须经其他合伙人一致同意。未经其他合伙人一致同意，合伙人以其在合伙企业中的财产份额出资的，其行为无效，或者作为退伙处理；由此给其他合伙人造成损失的，依法承担赔偿责任。

第七章 合伙企业事务的执行

第十七条 合伙企业的议事方式

第十八条 合伙人对合伙企业有关事项的表决方式

第十九条 经全体合伙人协商确定，由下列合伙人执行合伙企业事务。

执行合伙企业事务的合伙人，对外代表合伙企业。

第二十条 执行合伙企业事务的合伙人应当每____个月向其他不参加执行事务的合伙人报告一次，报告内容包括事务执行情况以及合伙企业的经营状况和财务状况。

第二十一条 不参加执行合伙企业事务的合伙人，有权监督执行事务的合伙人，检查其执行合伙企业事务的情况。

第二十二条 合伙人为了了解合伙企业的经营状况和财务状况，有权查阅账簿。

第二十三条 合伙人可以对其他合伙人执行的事务提出异议。提出异议时，应暂停该项事务的执行，如果发生争议，可由全体合伙人共同决定。

被委托执行合伙企业事务的合伙人不按照合伙协议或者全体合伙人的决定执行事务的，其他合伙人可以决定撤销该委托。

第二十四条 合伙人执行合伙企业事务所产生的收益归全体合伙人，所产生的亏损或者民事责任由全体合伙人承担。

第二十五条 合伙企业的下列事务必须经全体合伙人同意。

（一）处分合伙企业的不动产；

（二）改变合伙企业名称；

（三）转让或者处分合伙企业的知识产权和其他财产权利；

（四）向企业登记机关申请办理变更登记手续；

（五）以合伙企业名义为他人提供担保；

（六）聘任合伙人以外的人担任合伙企业的经营管理人员；

（七）依照合伙协议约定的有关事项。

第二十六条 合伙人不得自营或者同他人合作经营与合伙企业相竞争的业务。

非经全体合伙人同意，合伙人不得同本合伙企业进行交易。

合伙人不得从事损害本合伙企业利益的活动。

第八章 利润分配、亏损分担及债权债务

第二十七条 合伙人对合伙企业利润的分配比。

第二十八条 合伙人对合伙企业亏损的承担比。

第二十九条 合伙企业每____个月结算一次，对前一时期的利润分配或者亏损分担的具体方案由全体合伙人根据第二十七条和第二十八条协商确定并记录在案。

第三十条 合伙企业对其债务，应先以其全部财产进行清偿。合伙企业财产不足清偿到期债务的，各合伙人应当承担无限连带责任。

第三十一条 以合伙企业全部财产清偿合伙企业债务时，其不足部分，由合伙人按照本协议第二十八条约定的比例用其在合伙企业出资以外的自有财产承担清偿责任。

合伙人由于承担连带责任，所清偿数额超过其承担的数额时，有权向其他合伙人追偿。

第三十二条 合伙企业中某一合伙人的债权人，不得以该债权抵消

其对合伙企业的债务。

第三十三条 合伙人个人负有债务，其债权人不得代位行使该合伙人在合伙企业中的权利。

第三十四条 合伙人个人财产不足清偿其个人所负债务的，该合伙人只能以其从合伙企业中分取的收益用于清偿；债权人也可以依法请求人民法院强制执行该合伙人在合伙企业中的财产份额用于清偿。

对该合伙人的财产份额，其他合伙人有优先受让的权利。

第九章 入伙及退伙

第三十五条 新合伙人入伙时，应当经全体合伙人同意，并依法订立书面入伙协议。

订立入伙协议时，原合伙人应当向新合伙人告知原合伙企业的经营状况和财务状况。

第三十六条 入伙的新合伙人与原合伙人享有同等的权利，承担同等责任，入伙协议另有约定的，从其约定。

入伙的新合伙人对入伙前合伙企业的债务承担连带责任。

第三十七条 合伙协议约定合伙企业的经营期限的，有下列情形之一时，合伙人可以退伙。

（一）合伙协议约定的退伙事由出现；

（二）经全体合伙人同意退伙；

（三）发生合伙人难以继续参加合伙企业的事由；

（四）其他合伙人严重违反合伙协议约定的义务。

第三十八条 合伙协议未约定合伙企业的经营期限的，合伙人在不给合伙企业事务执行造成不利影响的情况下，可以退伙，但应当提前三十日通知其他合伙人。

第三十九条 合伙人违反第三十七条、第三十八条规定，即可取消该合伙人资格。

合伙继承人不愿意成为该合伙企业的合伙人的，合伙企业应退还其依法继承的财产份额。

合伙继承人为未成年人的，经其他合伙人一致同意，可以在其未成年时由监护人代行其权利。

第四十条 合伙人退伙的，其他合伙人应当与该退伙人按照退伙时的合伙财产情况进行结算，退还退伙人的财产份额。

退伙时有未了结的合伙事务的，待了结后进行结算。

第四十一条 退伙人在合伙企业中财产份额的退还办法由合伙协议约定或者由全体合伙人决定，可以退还货币，也可以退还实物。

第四十二条 退伙人对其退伙前已发生的合伙企业债务，与其他合伙人承担连带责任。

第四十三条 合伙人退伙时，合伙企业财产少于合伙企业债务的，退伙人应当按照本协议第二十四条的约定分担亏损。

第十章 合伙企业解散、清算

第四十四条 合伙企业经营期限______年。

第四十五条 合伙企业有下列情形之一时，应当解散。

（一）合伙协议约定的经营期限届满，合伙人不愿继续经营；

（二）合伙协议约定的解散事由出现；

（三）全体合伙人决定解散；

（四）合伙人已不具备法定人员；

（五）合伙协议约定的合伙目的已经实现或者无法实现；

（六）被依法吊销营业执照；

（七）出现法律、行政法规规定的合伙企业解散的其他原因。

第四十六条 合伙企业解散应当进行清算，清算人由全体合伙人担任；未能由全体合伙人担任清算人的，经全体合伙人过半数同意，可以自合伙企业解散后十五日内指定一名或数名合伙人或者委托第三人，担任清算人。

十五日内未确定清算人的，合伙人或者其他利害关系人可以申请人民法院指定清算人。

第四十七条 清算人在清算期间执行下列事务。

（一）清理合伙企业财产，分别编制资产负债表和财产清单；

（二）处理与清算有关的合伙企业未了结的事务；

（三）清缴所欠税款；

（四）清理债权、债务；

（五）处理合伙企业清偿债务后的剩余财产；

（六）代表合伙企业参与民事诉讼。

第四十八条 合伙企业财产在支付清算费用后，按下列顺序清偿。

（一）合伙企业所欠招用的职工工资和劳动保险费用；

（二）合伙企业所欠税款。

合伙协议

（未必注册企业）

第一条 合伙宗旨________________

第二条 合伙名称、主要经营地________________

第三条 合伙经营项目和范围________________

第四条 合伙期限自______年____月____日起，至______年____月____日止，共______年。

第五条 出资金额、方式、期限。

（一）合伙人______（姓名）以______方式出资，计人民币______元。

（其他合伙人同上顺序列出）

（二）各合伙人的出资，于______年____月____日以前交齐。

（三）本合伙出资共计人民币______元。合伙期间各合伙人的出资为共有财产，不得随意请求分割。合伙终止后，各合伙人的出资仍为个人所有，届时予以返还。

第六条 盈余分配与债务承担。合伙各方共同经营，共同劳动，共担风险，共负盈亏。

（一）盈余分配以__________________为依据，按比例分配。

（二）债务承担合伙债务先以合伙财产偿还，合伙财产不足清偿时，以__________________为依据，按比例承担。

（特别提示：盈余分配与债务承担可以约定按各合伙人各自投资或者平均分配。未约定分担比例的，由各合伙人按投资分担。任何一方对外偿还后，另一方应当按比例在 10 日内向对方清偿自己应负担的部分。)

第七条 入伙、退伙、出资的转让。

(一) 入伙。

1. 新合伙人入伙，必须经全体合伙人同意；

2. 承认并签署本合伙协议；

3. 除入伙协议另有约定外，入伙的新合伙人与原合伙人享有同等权利，承担同等责任。入伙的新合伙人对入伙前合伙企业的债务承担连带责任。

(二) 退伙。

1. 自愿退伙。合伙的经营期限内，有下列情形之一时，合伙人可以退伙。

①合伙协议约定的退伙事由出现；

②经全体合伙人同意退伙；

③发生合伙人难以继续参加合伙企业的事由。

合伙协议未约定合伙企业的经营期限的，合伙人在不给合伙企业事务执行造成不利影响的情况下，可以退伙，但应当提前三十日通知其他合伙人。合伙人擅自退伙给合伙企业造成损失的，应当赔偿损失。

2. 当然退伙。合伙人有下列情形之一的，当然退伙。

①死亡或者被依法宣告死亡；

②被依法宣告为无民事行为能力人；

③个人丧失偿债能力；

④被人民法院强制执行在合伙企业中的全部财产份额。以上情形的退伙以实际发生之日为退伙生效日。

3. 除名退伙。合伙人有下列情形之一的，经其他合伙人一致同意，可以决议将其除名。

①未履行出资义务；

②因故意或重大过失给合伙企业造成损失；

③执行合伙企业事务时有不正当行为；

④合伙协议约定的其他事由。

对合伙人的除名决议应当书面通知被除名人。被除名人自接到除名通知之日起，除名生效，被除名人退伙。被除名人对除名决议有异议的，可以在接到除名通知之日起30日内，向人民法院起诉。

合伙人退伙后，其他合伙人与该退伙人按退伙时的合伙企业的财产状况进行结算。

（三）出资的转让。允许合伙人转让其在合伙企业中的全部或部分财产份额。在同等条件下，合伙人有优先受让权。如向合伙人以外的第三人转让，第三人应按入伙对待，否则以退伙对待转让人。合伙人以外的第三人受让合伙企业财产份额的，经修改合伙协议即成为合伙企业的合伙人。

第八条　合伙负责人及合伙事务执行。

（一）全体合伙人共同执行合伙企业事务。（适用于规模小的合伙企业）

（二）合伙协议约定或全体合伙人决定，委托________为合伙负责人，其权限为：

1. 对外开展业务，订立合同；

2. 对合伙事务进行日常管理；

3. 出售合伙的产品（货物）、购进常用货物；

4. 支付合伙债务；

5. ______________________。

第九条　合伙人的权利和义务。

（一）合伙人的权利。

1. 合伙事务的经营权、决定权和监督权，合伙的经营活动由合伙人共同决定，无论出资多少，每个人都有表决权；

2. 合伙人享有合伙利益的分配权；

3. 合伙人分配合伙利益应以出资额比例或者按合同的约定进行，合伙经营积累的财产归合伙人共有；

4. 合伙人有退伙的权利。

（二）合伙人的义务。

1. 按照合伙协议的约定维护合伙财产的统一；

2. 分担合伙的经营损失的债务；

3. 为合伙债务承担连带责任。

第十条 禁止行为。

（一）未经全体合伙人同意，禁止任何合伙人私自以合伙名义进行业务活动；如其业务获得利益，归合伙企业，造成的损失按实际损失进行赔偿。

（二）禁止合伙人参与经营与本合伙企业竞争的业务；

（三）除合伙协议另有约定或者经全体合伙人同意外，合伙人不得同本合伙企业进行交易。

（四）合伙人不得从事损害本合伙企业利益的活动。

第十一条 合伙营业的继续。

（一）在退伙的情况下，其余合伙人有权继续以原企业名称继续经营原企业业务，也可以选择、吸收新的合伙人入伙经营。

（二）在合伙人死亡或被宣告死亡的情况下，依死亡合伙人的继承人的选择，既可以退继承人应继承的财产份额，继续经营；也可依照合伙协议的约定或者经全体合伙人同意，接纳继承人为新的合伙人继续经营。

第十二条 合伙的终止和清算。

（一）合伙因下列情形解散。

1. 合伙期限届满；

2. 全体合伙人同意终止合伙关系；

3. 已不具备法定合伙人数；

4. 合伙事务完成或不能完成；

5. 被依法撤销；

6. 出现法律、行政法规规定的合伙企业解散的其他原因。

（二）合伙的清算。

1. 合伙企业解散后应当进行清算，并通知债权人；

2. 清算人由全体合伙人担任或经全体合伙人过半数同意，自合伙企业解散后十五日内指定________合伙人或委托第三人，担任清算人。十五日内未确定清算人的，合伙人或者其他利害关系人可以申请人民法院指定清算人；

3. 合伙财产在支付清算费用后，按下列顺序清偿：合伙所欠招用的职工工资和劳动保险费用，合伙所欠税款，合伙的债务，返还合伙人的出资；

4. 清偿后如有剩余，则按本协议第六条第一款的办法进行分配；

5. 清算时合伙有亏损，合伙财产不足清偿的部分，依本协议第六条第二款的办法办理。各合伙人应承担无限连带清偿责任，合伙人由于承担连带责任，所清偿数额超过其应当承担的数额时，有权向其他合伙人追偿。

第十三条 违约责任。

（一）合伙人未按期缴纳或未缴足出资的，应当赔偿由此给其他合伙人造成的损失；如果逾期________年仍未缴足出资，按退伙处理。

（二）合伙人未经其他合伙人一致同意而转让其财产份额的，如果他合伙人不愿接纳受让人为新的合伙人，可按退伙处理，转让人应赔偿其他合伙人因此而造成的损失。

（三）合伙人私自以其在合伙企业中的财产份额出质的，其行为无效，或者作为退伙处理；由此给其他合伙人造成损失的，承担赔偿责任。

（四）合伙人严重违反本协议，或因重大过失或违反《合伙企业法》而导致合伙企业解散的，应当对其他合伙人承担赔偿责任。

（五）合伙人违反第九条规定，应按合伙企业实际损失赔偿。劝阻不听者可由全体合伙人决定除名。

第十四条 合同争议解决方式。

凡因本协议或与本协议有关的一切争议，合伙人之间共同协商，如协商不成，提交______仲裁委员会仲裁。仲裁裁决是终局的，对各方均有约束力。

第十五条 其他。

（一）经协商一致，合伙人可以修改本协议或对未尽事宜进行补充；补充、修改内容与本协议相冲突的，以补充、修改后的内容为准。

（二）入伙合同是本协议的组成部分。

（三）本合同一式______份，合伙人各执一份，送登记机关存档一份。

（四）本合同经全体合伙人签名、盖章后生效。

合伙人：____________________（签章）（略）

签约时间：______年____月____日

签约地点：__________________________

退伙协议

（范本）

同立退伙契约人

____________________简称甲方

____________________等简称乙方

兹为就双方于　　年　月　日经订立合伙契约所合伙经营事业，因合伙人________意欲他迁另图事业，声明退伙，并经合伙人全体同意议定退伙契约条件如下。

第一条　甲乙双方合伙经营的铺号（________行）（设________处所）（商业登记证________字批________号营业登记证________字第________号）兹经甲乙双方协议同意以______年____月____日甲方为退伙，而脱离合伙关系事实。

第二条　自甲方退伙后即自______年____月____日起关于____行应归乙方共同所有，继续经营，尔后该行所生的债权债务及应课税捐，并其经营有关一切事项均归乙方负责，与甲方无关。

第三条　在合伙中对外所有债权与债务，并行之诸设备概归乙方享受及负担支理。

第四条　合伙截至______年____月____日的收支决算业经甲乙双方会算完毕，而甲乙双方均确认两方之间就合伙决算并无互负债务，日后任何一方均不得为任何主张或请求，双方确诺决无异议。

第五条 在合伙期间内，应缴的一切税捐及费用负担，概归甲方负责缴清。

本契约一式三份，退伙人各执一份为凭。

退伙人（甲方）：＿＿＿＿＿＿＿住址：＿＿＿＿＿＿＿

身份证号码：

退伙人（乙方）：＿＿＿＿＿＿＿住址：＿＿＿＿＿＿＿

身份证号码：

＿＿＿年＿＿月＿＿日

订立协议各合伙人：

姓名＿＿＿，性别＿＿，年龄＿＿，

住址＿＿＿＿＿＿＿＿＿＿＿＿。

（其他合伙人按上列项目顺序填写）